Marcel Bluhm

Das Glück ist nur einen Gedanken entfernt

Marcel Bluhm

Dein Glück ist nur einen Gedanken entfernt

Der Weg zu einem erfüllten Leben beginnt in deinem Kopf

1. Auflage
© 2024 Marcel Bluhm
Covergrafik von: Sven Schüffel
Verlagslabel: Marcel Bluhm

Druck und Distribution im Auftrag des Autors:
tredition GmbH, Heinz-Beusen-Stieg 5, 22926 Ahrensburg, Germany
Das Werk, einschließlich seiner Teile, ist urheberrechtlich geschützt. Für die Inhalte ist der Autor verantwortlich. Jede Verwertung ist ohne seine Zustimmung unzulässig. Die Publikation und Verbreitung erfolgen im Auftrag des Autors, zu erreichen unter: Marcel Bluhm, Höbachweg 10, 91785 Pleinfeld, Germany.

Softcover IBAN   978-3-384-23684-5

Das Werk, einschließlich seiner Teile, ist urheberrechtlich ge-schützt. Für die Inhalte ist der Autor/die Autorin verantwortlich. Jede Verwertung ist ohne seine/ihre Zustimmung unzulässig. Die Publikation und Verbreitung erfolgen im Auftrag des Autors/der Autorin, zu erreichen unter: tredition GmbH, Abteilung "Impres-sumservice", Halenreie 40-44, 22359 Hamburg, Deutschland.

Inhaltsverzeichnis

Willkommen auf deiner Reise 9

Eine persönliche Einladung, dein Leben zu transformieren 12

Überblick:
Was ist Manifestation? 23

Kapitel 1: 29
Grundlagen der Manifestation
- Die Theorie hinter dem Gesetz der Anziehung
- Wie deine Gedanken Realitäten schaffen

Kapitel 2: 37
Erkenne deine gegenwärtigen Überzeugungen
- Selbstreflexion: Welche Glaubenssätze steuern dein Leben?
- Methoden zur Erkennung und Analyse deiner Gedankenmuster

Kapitel 3: 49
Befreie dich von negativen Glaubenssätzen
- Praktische Schritte zur Überwindung limitierender Überzeugungen
- Fallbeispiele und Erfahrungsberichte

Kapitel 4: 59
Schaffe Raum für das Positive
- Anleitung zur Entwicklung und Stärkung positiver Glaubenssätze
- Kreative Übungen, die dich unterstützen

Kapitel 5:   69
Affirmationen – deine täglichen Begleiter für positive
Veränderung
- Wie du effektive Affirmationen formulierst und
  anwendest
- Tägliche Routinen zum Einprägen neuer
  Überzeugungen

Kapitel 6:   89
Visualisierung – Das Kopfkino deiner Träume
- Techniken zur kraftvollen Visualisierung deiner Ziele
- Beispiele für erfolgreiche Visualisierungspraktiken

Kapitel 7:   99
Manifestiere Schritt für Schritt
- Der Weg von kleinen Veränderungen zu großen
  Ergebnissen
- Tipps, um am Ball zu bleiben und Fortschritte zu
  messen

Kapitel 8:   109
Überwinde Rückschläge
- Umgang mit Herausforderungen auf deinem
  Manifestationsweg

Kapitel 9:   113
Die Verbindung zwischen Manifestation und
Selbstwertgefühl

Kapitel 10:   127
Beziehung zwischen Manifestation und Spiritualität

Kapitel 11:   131
Manifestation in der Partnerschaft und in Beziehungen

Kapitel 12:   137
Finanzielle Manifestation - Dein Weg zu Wohlstand und
Fülle

Kapitel 13:   141
Dein Unterbewusstsein - Der Wächter deiner
Gewohnheiten

Kapitel 14:   145
Das Glück ist kein Ziel, sondern eine Entscheidung

Kapitel 15:   151
Meditationsübungen

Kapitel 16:   159
Das Universum kennt nur eine Antwort - "JA"
  - Alles ist Energie
  - Wie du deine Schwingung erhöhst und Magie in dein
    Leben ziehst

Kapitel: Schlusswort   171

Meine persönliche Empfehlung

Ein erster Schritt zum Glück

Hey du, ja genau du! Schön, dass du hier bist und dieses Buch in die Hand genommen hast. Zufall? Ich glaube nicht! Du und ich, wir werden jetzt eine richtig coole Reise antreten. Aber bevor wir loslegen, lass mich dir erst mal ein bisschen was erzählen. Keine Sorge, das wird kein langweiliger Vortrag. Versprochen!

Stell dir vor, du sitzt mit einem guten Freund in deinem Lieblingscafé. Der Duft von frisch gebrühtem Kaffee liegt in der Luft, die Sonne scheint durch die Fenster und das Leben fühlt sich einfach gut an. Genau so möchte ich, dass du dich fühlst, während du dieses Buch liest. Locker, entspannt und voller Vorfreude auf das, was kommt.

Ich bin Marcel, und ich freue mich ungemein, dass du dich entschieden hast, dieses Buch aufzuschlagen. Es ist kein Zufall, dass du hier bist. Irgendwo in dir gibt es eine Sehnsucht nach Veränderung, ein Verlangen nach mehr – sei es mehr Glück, Erfüllung, Erfolg oder Liebe. Was auch immer du dir wünschst, ich verspreche dir, dass du am richtigen Ort bist, um zu lernen, wie du es in dein Leben einladen kannst.

Wir alle streben nach Glück, Erfüllung und einem tieferen Sinn in unserem Leben. Oft erscheint es uns jedoch, als lägen diese Dinge außerhalb unserer Kontrolle, bestimmt durch äußere Umstände oder innere Zweifel. Was wäre, wenn ich dir sage, dass all das Glück, all der Erfolg und die Liebe, nach der du dich sehnst, tatsächlich nur einen Gedanken entfernt sind? Dass du die Macht hast, deine Realität so zu gestalten, dass sie deine tiefsten Wünsche und Träume widerspiegelt?

Klingt fast zu schön, um wahr zu sein, oder? Aber hey, warum nicht einfach mal dran glauben und es ausprobieren? Denn genau darum geht's hier. Ein glückliches und erfülltes Leben, Mehr Geld, die Traumwohnung oder die perfekte Beziehung – das alles kannst du durch Manifestieren in dein Leben ziehen.

Stell dir vor, dein Leben ist wie ein großes, buntes Puzzle. Manche Teile fehlen noch, andere liegen verkehrt herum. Mit der richtigen Einstellung und ein bisschen Übung kannst du die fehlenden Teile finden und die verkehrten Teile richtig drehen. Und ich werde dir zeigen, wie das geht.

Kein Hokuspokus, kein Zaubertrick, sondern handfeste Techniken und ein bisschen Magie des Alltags.

Dieses Buch ist wie dein persönlicher Kompass, der dir hilft, deinen Weg zu finden und zu gehen. Wir werden gemeinsam die Prinzipien der Manifestation erkunden, eine Methode, die es dir ermöglicht, deine Gedanken und Gefühle so zu lenken, dass sie das Leben, das du dir wünschst, nicht nur möglich, sondern unausweichlich machen. Und das Ganze machen wir mit einer gehörigen Portion Humor, einem Augenzwinkern und der Leichtigkeit eines Sommerabends.

Also schnapp dir deinen Lieblingskaffee, mach es dir bequem und lass uns loslegen. Dein Glück ist wirklich nur einen Gedanken entfernt – und ich freue mich riesig, dich auf dieser Reise zu begleiten. Packen wir es an!

Eine kleine Inspiration

Ich möchte euch eine Geschichte erzählen - meine Geschichte. Eine Geschichte von Überwindung, Wachstum und unerwartete Freude.

Mein Name ist Marcel, und es gab eine Zeit in meinem Leben, da schien alles gegen mich zu sein. Als ich mein erstes Online-Business aufbaute, war ich frisch getrennt und stand vor den Trümmern meiner alten Existenz. Drei meiner geliebten Töchter musste ich zurücklassen, finanziell am Abgrund, und das Herz schwer vor Trauer und Verlust. Ich musste mir mein Leben von 0 an wieder aufbauen.

Aber dann, gerade als ich dachte, es gäbe keine Hoffnung mehr, geschah etwas Wunderbares. Ich stolperte über die Welt der Persönlichkeitsentwicklung und Manifestation - und mein Leben sollte nie wieder dasselbe sein.

Es begann mit einem Funken, einer Idee, dass ich vielleicht mehr erreichen könnte, dass das Leben mehr zu bieten hatte, als ich mir vorstellen konnte. Ich begann, mich in diese Themen zu vertiefen, getrieben von einem unbändigen Verlangen, nicht nur für mich selbst, sondern auch für meine geliebte Familie mehr zu erreichen.

Es war wie ein Erwachen. Ich erkannte, dass meine Gedanken und Überzeugungen die Schlüssel zu meinem Glück und Erfolg waren. Durch das Entfernen von begrenzenden Glaubenssätzen und das Umprogrammieren meines Denkens begann sich mein Leben zu verändern - und zwar in einem Ausmaß, das ich nie für möglich gehalten hätte.

Heute stehe ich hier vor euch als Experte auf diesem Gebiet. Durch meine eigenen Erfahrungen und Erkenntnisse bin ich dazu befähigt, anderen zu helfen, ihre eigenen Hindernisse zu überwinden und ein Leben voller Glück und Erfüllung zu führen. Mein Buch ist nicht nur eine Sammlung von Ideen, sondern ein Werkzeugkasten voller praktischer Tipps, Übungen und Erkenntnisse, die euch dabei helfen werden, eure Träume zu verwirklichen und euer volles Potenzial zu entfalten.

Heute bin ich ein Patchwork-Papa von fünf wunderbaren Kindern, ich traf die Liebe meines Lebens, und ich kann euch sagen - ich bin glücklicher als je zuvor. Die Trennung und die finanziellen Herausforderungen, die ich damals durchgemacht habe, haben mich geformt und mich gestärkt. Sie haben mir gezeigt, dass das Leben voller unerwarteter Wendungen ist, aber auch voller Möglichkeiten zur Veränderung und zum Wachstum.

Mein Buch ist eine Einladung an euch alle, euer eigenes Licht zu finden, euren eigenen Weg zu finden. Es ist eine Sammlung von Werkzeugen, Übungen und Erkenntnissen, die euch dabei helfen werden, eure Träume zu verwirklichen und euer volles Potenzial zu entfalten. Zieht all das in euer Leben, das ihr euch wünscht.

Deine Persönliche Einladung dein Leben zu transformieren

Stell dir vor, du wachst eines Morgens auf und fühlst eine leise, aber drängende Frage in deinem Inneren: „Was ist mein Sinn des Lebens?" Es ist ein Moment der Klarheit, ein Weckruf deiner Seele, der dich auffordert, tiefer zu gehen und den wahren Kern deines Daseins zu entdecken. Du weißt, dass es Zeit ist, innezuhalten und dieser Frage nachzugehen.

Der Sinn des Lebens ist für jeden von uns etwas ganz Persönliches. Für den einen mag es bedeuten, seine Leidenschaft zu finden und diese zu verfolgen, für den anderen geht es vielleicht darum, anderen Menschen zu helfen und Gutes zu tun. Es gibt keine richtige oder falsche Antwort auf die Frage nach dem Sinn des Lebens, denn jeder von uns hat seine eigenen Werte, Ziele und Träume.

Apropos Träume – wie sieht eigentlich dein Traumleben aus? Stell dir mal vor, du könntest alles erreichen, was du willst. Wie sähe dein perfekter Tag aus? Wo wärst du, mit wem würdest du Zeit verbringen und was würdest du tun?

Diese Fragen können uns dabei helfen, unsere Ziele und Wünsche klarer zu definieren und uns auf den Weg zu unserem Traumleben zu bringen.

Vielleicht möchtest du in einem kleinen Haus am Meer leben und jeden Morgen den Sonnenaufgang genießen. Oder du träumst davon, die Welt zu bereisen und neue Kulturen kennenzulernen. Egal, was dein Traum ist, es ist wichtig, dass du daran glaubst und Schritte unternimmst, um ihn zu verwirklichen.

Für mich persönlich ist der Sinn des Lebens, glücklich zu sein und anderen Menschen zu helfen. Ich glaube daran, dass wir alle eine einzigartige Bestimmung haben und dass es darum geht, diese zu finden und zu leben.

Mein Traumleben sieht so aus, dass ich jeden Tag das tun kann, was mich glücklich macht. Das bedeutet für mich, in einem harmonischen Umfeld zu leben, Zeit mit meinen Liebsten zu verbringen und gleichzeitig beruflich erfolgreich zu sein. Ich möchte die Welt bereisen, neue Kulturen kennenlernen und mich persönlich weiterentwickeln.

Natürlich ist das alles leichter gesagt als getan, aber ich glaube fest daran, dass wir unser Leben selbst in die Hand nehmen können. Es geht darum, sich Ziele zu setzen, hart zu arbeiten und sich nicht von Rückschlägen entmutigen zu lassen.

Letztendlich ist der Sinn des Lebens und unser Traumleben für jeden von uns etwas ganz Individuelles. Wichtig ist nur, dass wir uns selbst treu bleiben und das Leben in vollen Zügen genießen.

Egal, was euer Traumleben ausmacht, es ist wichtig, sich darüber im Klaren zu sein. Denn nur wenn wir wissen, was wir wirklich wollen, können wir auch Wege finden, um diesem Traum näher zu kommen. Also lasst uns gemeinsam darüber nachdenken, wie unser Sinn des Lebens aussieht und wie wir unserem Traumleben ein Stückchen näherkommen können. Denn am Ende des Tages ist es doch das, was wirklich zählt – glücklich und erfüllt zu sein.

Setz dich bequem hin, atme tief durch und lass die Welt um dich herum für einen Moment still werden. Diese Reise beginnt mit einer ehrlichen Reflexion. Was macht dich wirklich glücklich?

Wann fühlst du dich lebendig und erfüllt? Gibt es Tätigkeiten, in denen du so vertieft bist, dass du die Zeit völlig vergisst? Diese Momente sind wertvolle Hinweise auf deine Leidenschaften und darauf, was dich wirklich antreibt.

Erinnerst du dich an diese stillen Stunden, in denen du das Gefühl hattest, dass alles Sinn ergibt? Vielleicht war es ein Spaziergang in der Natur, ein Gespräch mit einem geliebten Menschen oder der Moment, als du etwas Kreatives erschaffen hast. Diese Augenblicke sind wie Sternschnuppen am Nachthimmel deines Lebens, die dir den Weg weisen.

Jetzt lade ich dich ein, die Augen zu schließen und dir dein ideales Leben vorzustellen. Wo bist du? Bist du in einer pulsierenden Stadt, einem ruhigen Dorf oder vielleicht an einem strahlenden Strand? Was tust du? Hast du deinen Traumjob gefunden, dein eigenes Unternehmen aufgebaut oder widmest du dich einer kreativen Leidenschaft? Wer sind die Menschen in deinem Leben? Deine Familie, enge Freunde, ein liebevoller Partner? Wie verbringst du deine Zeit? Welche Aktivitäten und Hobbys erfüllen dich? Und am wichtigsten: Wie fühlst du dich dabei? Spürst du Frieden, Freude und Erfüllung?

Lass diese Vision vor deinem inneren Auge lebendig werden. Stell dir die Farben, die Geräusche und die Gefühle so klar wie möglich vor. Dein Gehirn kann sich nur auf das einstellen, was es sehen und fühlen kann. Je detaillierter deine Vorstellung ist, desto realer wird sie für dich. Du wirst erstaunt sein, wie sich plötzlich Wege öffnen, von denen du nie gedacht hättest, dass sie existieren.

Manchmal kann es hilfreich sein, deine Gedanken und Gefühle niederzuschreiben. Ein Tagebuch kann ein wertvolles Werkzeug sein, um deine inneren Entdeckungen festzuhalten und zu reflektieren. Es erlaubt dir, deine Fortschritte zu verfolgen und dich immer wieder an deine tiefsten Wünsche und Träume zu erinnern.

Ich möchte dich nun dazu einladen dir einen Stift und ein Blatt Papier zur Hand zu nehmen und aufzuschreiben wie dein Traumleben aussehen soll. Sei so detailliert wie möglich und versuche dich hineinzuversetzen und es zu Spüren als würdest du schon dein Traumleben leben.

Dein neues Leben beginnt JETZT!

Das ist mein Traumleben:

So soll mein zukünftiges Leben aussehen...
(schreibe es so detailliert wie möglich)

"Stille ist nicht leer, sie ist voller Antworten"

Was ist Manifestation? Die Superkraft deiner Gedanken

Manifestation – dieses Wort mag mystisch oder sogar übernatürlich klingen, doch es beschreibt einen Prozess, der tief in der Realität unseres Seins verwurzelt ist. Es ist die Kunst, deine tiefsten Wünsche und Träume in deine physische Realität zu überführen. Manifestation ist nicht nur ein Beweis dafür, dass unsere Gedanken und Emotionen Macht besitzen, sondern sie ist auch eine Einladung, diese Macht bewusst zu nutzen.

Das Wort Manifestieren kommt aus dem Lateinischen und bedeutet so viel wie »Sichtbarmachen« oder auch »Offenbaren«.

Und genauso funktioniert die Manifestation als Methode im Grunde auch. Manifestation ist keine esoterische Spinnerei, sondern vielmehr eine wissenschaftlich fundierte Methode, die uns ermöglicht, unsere Realität bewusst zu gestalten. Es geht darum, unsere Gedanken und Überzeugungen gezielt einzusetzen, um das Leben zu erschaffen, das wir uns wünschen. Dabei spielt die Kraft der Gedanken eine zentrale Rolle. Denn unsere Gedanken haben eine immense Schöpferkraft und beeinflussen maßgeblich das, was in unserem Leben geschieht.

Im Kern der Manifestation steht das Gesetz der Anziehung. Unsere Gedanken, unsere Gefühle, ja sogar unsere unausgesprochenen Überzeugungen senden ständig Signale aus, die wie Magneten wirken und Erlebnisse, Menschen und Situationen anziehen, die mit ihnen resonieren. Wenn du also in deinem Herzen Freude, Liebe und Überfluss begehrst, doch in deinem Kopf Zweifel, Angst und Mangel vorherrschen, so wird deine Realität wahrscheinlich letzteren reflektieren.

Dies ist eine Einladung an dich, deine eigene Gedankenwelt zu erkunden und zu transformieren.

Es geht darum, aktiv Gestalter deines Lebens zu sein, anstatt einfach auf das zu reagieren, was dir das Leben bietet oder darauf zu warten, dass das Glück an deiner Tür klingelt. Du hast die Kraft, deine Wirklichkeit zu formen und zu beeinflussen, indem du die Qualität deiner Gedanken verbesserst. Dein Glück ist nur einen Gedanken entfernt. Ich möchte, dass dieses Buch mehr als nur eine Anleitung ist; es soll ein treuer Begleiter sein, der dich dazu inspiriert, deine Träume mit offenen Armen zu empfangen. Du wirst erfahren, wie du deine Gedanken auf das ausrichten kannst, was du wirklich willst, und nicht auf das, was du fürchtest.

Du fragst dich vielleicht, warum es so wichtig ist, zu lernen, wie man manifestiert. Die Antwort liegt in der unglaublichen Freiheit und Kontrolle, die es dir über dein eigenes Leben gibt. Statt von den Wellen des Zufalls hin- und hergeworfen zu werden, erlaubt dir die Manifestation, das Steuer selbst in die Hand zu nehmen und bewusst in Richtung deiner Träume und Ziele zu steuern.

Wir werden gemeinsam erforschen, wie du deine Gedanken klären und auf das ausrichten kannst, was du wirklich willst.

Du wirst Techniken erlernen, um deine emotionalen Zustände zu meistern, und verstehen, wie du durch einfache, tägliche Praktiken deine persönliche Schwingung so anpassen kannst, dass sie deinen Wünschen entspricht. Außerdem werden wir betrachten, wie du durch gezielte Meditationen, Visualisierungen und Affirmationen deine Fähigkeit, zu manifestieren, weiterentwickeln kannst.

Ich lade dich ein, dieses Buch nicht nur zu lesen, sondern es zu erleben. Lass dich von den Übungen inspirieren, probiere die Techniken aus und beobachte, wie sich deine Realität wandelt. Es gibt keine größere Freude, als zu sehen, wie Träume Wirklichkeit werden, und ich bin hier, um dich auf diesem Weg zu begleiten.

Ich habe dieses Buch geschrieben, weil ich selbst die transformative Kraft der Manifestation erlebt habe. Sie hat mein eigenes Leben so tiefgreifend verändert, dass ich diese Erkenntnisse nicht für mich behalten konnte. Jeder verdient es, sein volles Potenzial zu leben, und jeder hat die Kraft, sein eigenes Schicksal zu gestalten.

Mein Ziel ist es, dass du diese Seiten nicht nur inspiriert, sondern mit einem soliden Plan verlässt, wie du deine Gedanken nutzen kannst, um das Glück zu erschaffen, das du verdienst.

Lass uns gemeinsam den ersten Schritt auf diesem spannenden Weg machen. Dein Glück wartet bereits auf dich – und es ist wirklich nur einen Gedanken entfernt.

Kapitel 1: Grundlagen der Manifestation

Stell dir vor, du sitzt an einem warmen Sommerabend draußen auf deiner Veranda. Die Sonne geht langsam unter und taucht die Welt in ein goldenes Licht. Du lehnst dich zurück, atmest tief ein und fühlst eine tiefe Ruhe in dir. In diesem Moment spürst du eine tiefe Dankbarkeit für das Leben, für all die kleinen Freuden und Wunder, die es für dich bereithält.

Das ist Manifestation in ihrer reinsten Form – das bewusste Erschaffen von Glück und Erfüllung in deinem Leben. Doch was ist Manifestation genau und wie funktioniert sie?

Nun, Manifestation ist wie eine unsichtbare Kraft, die deine Gedanken und Gefühle in die Realität um dich herum bringt. Es ist die Idee, dass das, worauf du dich fokussierst, sich manifestiert und in dein Leben zieht. Klingt das nicht unglaublich?

Stell dir vor, du denkst an etwas, das du dir wirklich wünschst – sei es ein neuer Job, eine liebevolle Beziehung oder finanzielle Fülle. Indem du deine Gedanken und Emotionen bewusst auf dieses Ziel ausrichtest, sendest du eine mächtige Botschaft an das Universum aus. Und das Universum, so heißt es, antwortet auf diese Botschaft, indem es dir die Mittel und Möglichkeiten bietet, dein Ziel zu erreichen.

Das klingt vielleicht wie Magie, aber es gibt tatsächlich ein wissenschaftliches Prinzip dahinter. Es heißt das Gesetz der Anziehung. Dieses besagt, dass Gleiches Gleiches anzieht. Das bedeutet, dass deine Gedanken und Emotionen eine energetische Schwingung erzeugen, die ähnliche Energien in dein Leben zieht. Wenn du also positiv denkst und dich auf das Gute konzentrierst, ziehst du positive Erfahrungen in dein Leben.

Aber Moment mal, was ist mit all den negativen Gedanken, die uns manchmal plagen? Die Zweifel, Ängste und Sorgen? Nun, das ist der Knackpunkt. Diese negativen Gedanken können uns davon abhalten, das Glück und die Fülle zu manifestieren, die wir uns wünschen. Deshalb ist es so wichtig, dass wir lernen, sie zu erkennen und zu überwinden.

Eine Möglichkeit, dies zu tun, ist durch die Kraft der Affirmationen. Affirmationen sind positive, gegenwartsbezogene Aussagen, die du regelmäßig wiederholst, um deine Überzeugungen zu stärken und deine Gedanken in eine positive Richtung zu lenken. Indem du diese Affirmationen in dein tägliches Leben integrierst, kannst du dein Unterbewusstsein neu programmieren und deine manifestierenden Fähigkeiten stärken.

Und weißt du was das Beste ist? Manifestation ist keine Geheimwissenschaft, die nur einigen wenigen Auserwählten vorbehalten ist. Nein, sie ist für jeden von uns zugänglich. Wir alle haben die Macht, unser Leben bewusst zu gestalten und die Realität zu erschaffen, die wir uns wünschen.

In den kommenden Kapiteln werden wir uns noch tiefer mit den Techniken und Strategien der Manifestation befassen. Aber für den Moment möchte ich dich ermutigen, offen zu sein, dich auf diesen Prozess einzulassen und zu erkunden, was für dich möglich ist. Denn, das Glück ist wirklich nur einen Gedanken entfernt.

Die Theorie hinter dem Gesetz der Anziehung

Hast du dich schon einmal gefragt, warum manche Menschen scheinbar mühelos Glück und Erfolg in ihr Leben ziehen, während es anderen schwerfällt, ihre Ziele zu erreichen? Nun, das Geheimnis könnte im Gesetz der Anziehung liegen – einem faszinierenden Prinzip, das die Grundlage für die Manifestation bildet.

Das Gesetz der Anziehung besagt, dass alles, was du in dein Leben ziehst, eine direkte Folge deiner Gedanken und Emotionen ist. Dieses Gesetz basiert auf den Prinzipien der Quantenphysik und der Neurowissenschaften.

Quantenphysiker haben entdeckt, dass alles im Universum aus Energie besteht, einschließlich unserer Gedanken und Gefühle. Diese Energie erzeugt eine Schwingung, die ähnliche Schwingungen anzieht. Mit anderen Worten, das Universum reagiert auf die Energie, die du aussendest, und bringt dir mehr von dem, worauf du dich fokussierst.

Aber wie funktioniert das in der Praxis? Stell dir vor, du denkst ständig darüber nach, wie großartig es wäre, deinen Traumjob zu haben. Du visualisierst dich in diesem Job, fühlst die Freude und Erfüllung, die er dir bringen würde, und sprichst positive Affirmationen, die deine Überzeugung stärken, dass du ihn bekommen wirst.

Indem du dich auf diese Weise auf deinen Traumjob fokussierst und positive Energie aussendest, sendest du eine klare Botschaft an das Universum aus. Und das Universum antwortet darauf, indem es dir Möglichkeiten und Gelegenheiten präsentiert, die dich deinem Ziel näher bringen.

Aber Vorsicht, das Gesetz der Anziehung funktioniert in beide Richtungen.

Wenn du dich ständig auf das Negative konzentrierst und in Angst und Sorge verstrickt bist, ziehst du auch mehr davon in dein Leben. Deshalb ist es so wichtig, deine Gedanken und Emotionen bewusst zu lenken und dich auf das Gute zu konzentrieren.

Wie deine Gedanken Realitäten schaffen

Deine Gedanken sind mächtiger, als du vielleicht denkst, und sie haben die Kraft, deine Wünsche und Träume in die Realität umzusetzen.

Stell dir vor, deine Gedanken sind wie Samen, die du in den Boden deines Geistes pflanzt. Wenn du positive, nährende Gedanken säst, wachsen daraus fruchtbare Bäume des Glücks und des Erfolgs. Aber wenn du negative Gedanken säst, wirst du Unkraut ernten, das deine Träume ersticken kann.

Das ist kein Hokuspokus, sondern ein einfaches Prinzip der Psychologie. Deine Gedanken beeinflussen deine Gefühle, deine Gefühle beeinflussen deine Handlungen und deine Handlungen formen deine Realität. Es ist ein einfacher, aber kraftvoller Zyklus, der das Fundament für alles bildet, was du erlebst.

Denk mal darüber nach: Wenn du ständig daran zweifelst, dass du erfolgreich sein kannst, wirst du dir wahrscheinlich nicht einmal die Mühe machen, es zu versuchen. Aber wenn du fest daran glaubst, dass du alles erreichen kannst, was du dir vornimmst, wirst du die Welt erobern wollen.

Das ist die Magie der positiven Gedanken. Sie geben dir die Motivation und den Mut, deine Träume zu verfolgen, und sie ziehen positive Ereignisse und Menschen in dein Leben. Es ist, als ob das Universum auf deine positiven Schwingungen reagiert und dir den Weg ebnet, um deine Ziele zu erreichen.

Aber wie kannst du sicherstellen, dass deine Gedanken positiv sind? Nun, das ist die Kunst der bewussten Achtsamkeit. Indem du deine Gedanken beobachtest und sie gezielt in eine positive Richtung lenkst, kannst du deine Realität auf eine Weise formen, die deinen höchsten Absichten entspricht.

Das ist keine leichte Aufgabe, aber es ist eine lohnende. Indem du dich auf das Gute in deinem Leben konzentrierst und dankbar für die kleinen Freuden bist, ziehst du mehr davon in dein Leben. Es ist wie ein Schneeballeffekt, der mit jedem positiven Gedanken größer wird.

mind
Body
soul

Kapitel 2: Erkenne deine gegenwärtigen Überzeugungen

Es ist an der Zeit, tiefer zu gehen und zu erkennen, was dich bisher davon abgehalten hat, deine Träume zu verwirklichen. In diesem Kapitel werden wir uns damit beschäftigen, deine gegenwärtigen Überzeugungen zu erkennen und zu verstehen, wie sie deine Manifestationskraft beeinflussen.

Deine Überzeugungen sind wie unsichtbare Fesseln, die dich daran hindern, dein volles Potenzial zu entfalten. Oft sind sie tief in deinem Unterbewusstsein verwurzelt und wirken unbemerkt im Hintergrund.

Doch um wirklich erfolgreich manifestieren zu können, ist es entscheidend, diese Überzeugungen ans Licht zu bringen und zu überprüfen, ob sie noch relevant und unterstützend sind.

Vielleicht glaubst du tief im Inneren, dass du nicht gut genug bist, um Erfolg zu haben, oder dass du es nicht verdienst, glücklich zu sein. Vielleicht hast du gelernt, dass Geld hart verdient werden muss oder dass es egoistisch ist, nach deinen eigenen Wünschen zu streben. Diese Überzeugungen können wie unsichtbare Barrieren wirken, die dich daran hindern, das Leben zu leben, das du dir wünschst.

Aber keine Sorge, es gibt Hoffnung. Indem du dich bewusst machst, welche Überzeugungen dich beeinflussen, kannst du beginnen, ihre Macht über dich zu verringern. Eine Möglichkeit, dies zu tun, ist durch Selbstreflexion und ehrliche Selbstbeobachtung. Nimm dir Zeit, um deine Gedanken und Reaktionen zu beobachten und zu hinterfragen, woher sie kommen.

Ein weiterer wichtiger Schritt ist es, deine Überzeugungen aktiv zu hinterfragen und zu überprüfen, ob sie wirklich wahr und unterstützend sind. Vielleicht kannst du erkennen, dass viele deiner Überzeugungen auf falschen Annahmen oder vergangenen Erfahrungen beruhen, die längst nicht mehr relevant sind.

Indem du dich bewusst dafür entscheidest, diese Überzeugungen loszulassen und sie durch positive und unterstützende Überzeugungen zu ersetzen, kannst du deine Manifestationskraft deutlich stärken. Es ist wie das Entfernen alter, verrosteter Ketten, die dich bisher zurückgehalten haben, und das Anlegen neuer, stärkerer Flügel, die es dir ermöglichen, in die Höhen deines Potenzials aufzusteigen.

Selbstreflexion: Welche Glaubenssätze steuern dein Leben?

Lass uns einen Moment innehalten und in uns gehen. Es ist an der Zeit für eine ehrliche Selbstreflexion, um zu erkennen, welche Glaubenssätze dein Leben bisher gesteuert haben. Diese Glaubenssätze sind wie unsichtbare Lenker, die deine Gedanken, Gefühle und Handlungen beeinflussen und damit deine Realität formen.

Nimm dir einen Moment Zeit, um darüber nachzudenken, welche Überzeugungen du über dich selbst, das Leben und die Welt um dich herum hast. Glaubst du, dass du erfolgreich sein kannst, oder zweifelst du daran? Glaubst du, dass das Leben dir wohlgesonnen ist, oder fühlst du dich von ihm im Stich gelassen? Glaubst du, dass du Liebe und Glück verdienst, oder glaubst du, dass du es nicht wert bist?

Diese Fragen mögen auf den ersten Blick einfach erscheinen, aber ihre Antworten können tiefgreifende Einsichten in dein innerstes Wesen bieten. Deine Glaubenssätze sind wie das Fundament eines Hauses – sie bestimmen, wie fest und stabil deine Realität ist. Wenn dein Fundament auf negativen und einschränkenden Überzeugungen basiert, wird es schwierig sein, ein erfülltes und glückliches Leben aufzubauen.

Aber keine Sorge, du hast die Macht, dein Fundament zu verändern. Indem du dir bewusst machst, welche Glaubenssätze dein Leben bisher gesteuert haben, kannst du beginnen, sie zu hinterfragen und zu überprüfen, ob sie wirklich wahr und unterstützend sind.

Vielleicht erkennst du, dass viele deiner Glaubenssätze auf vergangenen Erfahrungen oder den Erwartungen anderer beruhen, die längst nicht mehr relevant sind.

Indem du dich entscheidest, alte Überzeugungen loszulassen und sie durch positive und unterstützende Gedanken zu ersetzen, kannst du dein Leben auf eine völlig neue Ebene heben. Es ist, als würdest du schwere Felsbrocken ablegen, die dich bisher belastet haben, und stattdessen mit einem leichten, robusten Rucksack voller Möglichkeiten weitergehen, der es dir erlaubt, mühelos die Gipfel deines Potenzials zu erklimmen in Richtung Freiheit und deines Glückes, welches du dir immer gewünscht hast.

Also nimm dir Zeit für diese Selbstreflexion. Grab tief und ehrlich, denn die Antworten, die du findest, können der Schlüssel zu einem Leben voller Freude, Erfüllung und Erfolg sein.

Methoden zur Erkennung und Analyse deiner Gedankenmuster

Wenn wir uns auf den Weg machen, unsere Gedankenmuster zu erkennen und zu analysieren, ist es wichtig, Werkzeuge und Methoden zu haben, die uns dabei unterstützen. In diesem Kapitel werden wir uns genau damit beschäftigen – mit praktischen Methoden, die dir helfen, deine Gedankenmuster zu identifizieren und zu verstehen.

Eine der einfachsten Methoden ist die Aufzeichnung deiner Gedanken. Nimm dir jeden Tag ein paar Minuten Zeit, um deine Gedanken aufzuschreiben – sei es in einem Tagebuch, einem Notizbuch oder sogar auf deinem Smartphone.

Schreib einfach auf, was dir durch den Kopf geht, ohne es zu bewerten oder zu zensieren. Diese Übung kann dir helfen, Muster und Themen zu erkennen, die in deinem Denken wiederkehren.

Eine weitere hilfreiche Methode ist die Selbstbeobachtung. Nimm dir regelmäßig Zeit, um deine Gedanken und Gefühle bewusst zu beobachten, ohne in sie hineinzuziehen oder zu reagieren. Stell dir vor, du bist ein neutraler Beobachter, der einfach nur zuschaut, was in deinem Geist vor sich geht. Diese Achtsamkeitspraxis kann dir helfen, dich von deinen Gedanken zu distanzieren und sie objektiv zu betrachten.

Eine weitere Möglichkeit, deine Gedankenmuster zu erkennen, ist durch gezielte Fragen. Stell dir Fragen wie: Welche Gedanken kommen mir häufig in den Sinn? Welche Überzeugungen liegen diesen Gedanken zugrunde? Woher stammen diese Überzeugungen? Sind sie wirklich wahr und unterstützend oder sind sie nur alte Gewohnheiten, die ich übernommen habe?
Schließlich kann auch die Arbeit mit einem Coach oder Therapeuten hilfreich sein, um deine Gedankenmuster zu analysieren.

Ein erfahrener Profi kann dir helfen, deine Gedankenmuster zu identifizieren, zu hinterfragen und zu verändern, um ein Leben zu führen, das deinen tiefsten Wünschen und Bedürfnissen entspricht.

Egal für welche Methode du dich entscheidest, das Wichtigste ist, dass du dich auf den Prozess einlässt und bereit bist, ehrlich zu dir selbst zu sein. Die Erkennung und Analyse deiner Gedankenmuster ist der erste Schritt auf dem Weg zur Veränderung und zur Manifestation eines Lebens, das du dir von Herzen wünschst.

Lass uns die negativen Glaubenssätze packen!

Nimm dir ein paar Minuten und schnapp dir einen Stift und Papier. Auf den folgenden Seiten hast du Platz, um all deine negativen Glaubenssätze aufzuschreiben. Alles, was dir so durch den Kopf geht und dich davon abhält, dein bestes Leben zu leben. Keine Sorge, das bleibt ganz unter uns.

Schreib alles auf, was dir einfällt – „Ich bin nicht gut genug", „Ich verdiene kein Glück", „Geld ist schlecht" – was auch immer es ist, raus damit! Es ist Zeit, diese alten Denkmuster aus deinem System zu werfen und Platz für Neues zu schaffen.

Los geht's! Sei mutig und ehrlich. Du wirst sehen, wie befreiend das sein kann.

"Das, worüber Du ständig nachdenkst, ziehst Du an."

Befreie dich von negativen Glaubenssätzen

Meine Glaubenssätze im Bezug auf Geld:

____

____

____

____

____

Meine Glaubenssätze im Bezug auf Glück:

____

____

____

____

Meine Glaubenssätze im Bezug auf Beziehungen:

____

____

____

____

Diese Negative Glaubenssätze hindern mich an einem glücklichen und erfüllten Leben:

Kapitel 3: Befreie dich von negativen Glaubenssätzen

Nachdem wir im letzten Kapitel damit begonnen haben, deine aktuellen Überzeugungen unter die Lupe zu nehmen, ist es jetzt an der Zeit, tiefer zu graben und die negativen Glaubenssätze zu identifizieren, die dich bislang zurückgehalten haben. Diese Überzeugungen sind wie unsichtbare Ketten, die dich fesseln und dir den Weg zu dem Leben versperren, das du dir wirklich wünschst.

Stell dir vor, du trägst seit Jahren eine unsichtbare Last mit dir herum – Glaubenssätze wie "Ich bin nicht gut genug, um Erfolg zu haben" oder "Ich verdiene es nicht, glücklich zu sein".

Vielleicht denkst du, dass Geld nur durch harte Arbeit verdient werden kann oder dass es egoistisch ist, nach deinen eigenen Wünschen zu streben. Diese negativen Überzeugungen wirken wie ein schleichendes Gift, das langsam dein Selbstwertgefühl und deine Lebensfreude untergräbt.

Aber hier kommt die gute Nachricht: Du bist diesen negativen Glaubenssätzen nicht hilflos ausgeliefert. Du hast die Macht, dich von ihnen zu befreien und ein Leben voller Freude, Erfüllung und Erfolg zu führen. Der erste Schritt dazu ist, diese Überzeugungen bewusst zu erkennen und dann gezielt an ihrer Überwindung zu arbeiten. Bereite dich darauf vor, die Fesseln zu sprengen und die volle Kontrolle über dein Leben zurückzuerlangen!

Praktische Schritte zur Überwindung limitierender Überzeugungen

Wir haben bereits die Macht der negativen Glaubenssätze erkannt – diese unsichtbaren Fesseln, die uns davon abhalten, unser volles Potenzial zu entfalten. Jetzt ist es an der Zeit, die Ärmel hochzukrempeln und praktische Schritte zu unternehmen, um uns von diesen limitierenden Überzeugungen zu befreien.

Der erste Schritt auf dieser Reise ist, eine Atmosphäre des Bewusstseins zu schaffen. Stell dir vor, du betrittst einen mentalen Garten, in dem du jeden Gedanken und jede Überzeugung wie eine Pflanze betrachtest. Einige davon sind wunderschöne Blumen, andere sind lästiges Unkraut, das herausgerissen werden muss. Nimm dir die Zeit, diese Gedanken und Überzeugungen zu reflektieren und zu erkennen, welche dich möglicherweise zurückhalten.

Das bedeutet, sich selbst ehrliche Fragen zu stellen wie: "Welche Überzeugungen habe ich über mich selbst und meine Fähigkeiten?" oder "Woher stammen diese Überzeugungen?"

Sobald du dir deiner negativen Glaubenssätze bewusst bist, ist der nächste Schritt, sie in Frage zu stellen. Überprüfe, ob diese Überzeugungen wirklich wahr sind oder ob sie lediglich auf vergangenen Erfahrungen oder den Erwartungen anderer basieren. Frage dich selbst: "Unterstützen diese Überzeugungen mich oder halten sie mich davon ab, mein volles Potenzial zu entfalten?" Diese Phase erfordert oft tiefe Selbstreflexion und die Bereitschaft, gewohnte Denkmuster zu durchbrechen.

Ein kraftvolles Werkzeug, um negative Glaubenssätze zu überwinden, sind positive Affirmationen. Stell dir vor, du sprichst mit deinem besten Freund – nur bist du selbst dieser Freund. Wiederhole bewusst positive und unterstützende Aussagen, um dein Unterbewusstsein neu zu programmieren und neue, positive Überzeugungen zu entwickeln. Diese Affirmationen sollten persönlich und auf dich zugeschnitten sein, damit sie ihre maximale Wirkung entfalten können. Es ist, als würdest du deinem mentalen Garten täglich frisches Wasser und Sonne schenken.

Eine weitere effektive Technik ist die Visualisierung. Stell dir lebhaft vor, wie es sich anfühlt, deine Ziele zu erreichen und deine Träume zu verwirklichen. Male dir in den buntesten Farben aus, wie dein Leben aussieht, wenn du all das erreicht hast, was du dir wünschst.

Diese Visualisierungstechnik hilft, dein Unterbewusstsein auf Glück und Erfolg einzustellen und die negativen Glaubenssätze zu überwinden. Es ist, als würdest du deinem inneren Bildhauer den perfekten Entwurf liefern, nach dem er dein Leben formt.

Und schließlich, wenn du Schwierigkeiten hast, diese limitierenden Überzeugungen alleine zu überwinden, zögere nicht, dir professionelle Unterstützung zu holen. Ein erfahrener Coach oder Therapeut kann dir helfen, deine Gedankenmuster zu erkennen und positive Veränderungen in deinem Leben zu bewirken. Diese Unterstützung kann oft den entscheidenden Unterschied machen und dir helfen, deinen Weg zur Selbstbefreiung zu finden. Stell es dir vor wie einen erfahrenen Gärtner, der dir zeigt, wie du die schönsten Blumen in deinem mentalen Garten zum Blühen bringst.

Also, nimm die Werkzeuge zur Hand, die ich dir in den nächsten Kapiteln zeige und mache dich daran, die negativen Glaubenssätze auszureißen. Schaffe Platz für das Positive und sieh zu, wie dein Leben in voller Blüte steht!

Fallbeispiele und Erfahrungsberichte

Es gibt Momente im Leben, in denen uns unsere eigenen negativen Glaubenssätze überwältigen. Diese dunklen Wolken können uns das Gefühl geben, festzustecken und unser volles Potenzial nicht entfalten zu können. Genau in solchen Momenten sind die Geschichten anderer Menschen – ihre Fallbeispiele und Erfahrungsberichte – Gold wert. Sie helfen uns, uns selbst besser zu verstehen und Wege zu finden, unsere eigenen limitierenden Überzeugungen zu überwinden. In diesem Kapitel möchte ich einige dieser bewegenden Geschichten mit dir teilen.

Lass uns mit Sarah beginnen, einer talentierten Künstlerin, die immer an ihrer eigenen Begabung zweifelte. Schon als Kind war Sarahs Herz voller Leidenschaft für die Kunst. Sie malte stundenlang und träumte davon, ihre Werke eines Tages in einer Galerie zu sehen. Doch Ihre Eltern sagten ihr immer das sie damit nie Geld verdienen würde, es hätte keine langfristige Zukunft Je älter sie wurde, desto lauter wurden die Stimmen der Selbstzweifel in ihrem Kopf. "Deine Kunst ist nicht gut genug", flüsterten sie. Diese negativen Glaubenssätze hielten Sarah jahrelang gefangen. Sie versteckte ihre Kunstwerke und gab ihre Träume fast auf.

Dann, eines schicksalhaften Tages, traf Sarah auf einer Vernissage einen Mentor, der ihr Leben verändern sollte. Er sah ihre Skizzen und war sofort beeindruckt. "Warum versteckst du diese wunderbaren Werke?" fragte er. Sarah erzählte ihm von ihren Ängsten und Selbstzweifeln. Der Mentor lächelte und sagte: "Du musst anfangen, an dich selbst zu glauben." Deine Kunst hat die Macht, Menschen zu berühren. Lass uns daran arbeiten."

Durch die Ermutigung ihres Mentors begann Sarah, sich ihren Ängsten zu stellen. Sie nutzte positive Affirmationen wie "Meine Kunst ist wertvoll und inspiriert andere" und arbeitete konsequent an ihrem Selbstwertgefühl. Langsam, aber sicher, begann sie, ihre Kunstwerke der Welt zu zeigen. Die positive Resonanz war überwältigend. Menschen bewunderten ihre Werke, und Sarah fühlte zum ersten Mal die Bestätigung, die sie sich immer gewünscht hatte. Heute ist sie eine erfolgreiche Künstlerin, deren Werke in zahlreichen Galerien ausgestellt werden und die Menschen auf der ganzen Welt inspirieren.

Eine weitere berührende Geschichte ist die von Tom. Tom war davon überzeugt, dass Geld nur durch harte Arbeit oder Glück zu verdienen sei und dass Reichtum nur denjenigen vorbehalten ist, die betrügen. Seine Eltern sagten immer "Geld ist nur den Reichen vorbehalten".

Diese Überzeugung war tief in ihm verwurzelt und führte dazu, dass er viele berufliche Chancen nicht wahrnahm und sich keine großen finanziellen Ziele setzte. Er fühlte sich gefangen in einem Teufelskreis aus Mangel und Begrenztheit.

Eines Abends, nach einem besonders frustrierenden Arbeitstag, beschloss Tom, dass sich etwas ändern musste. Er begann Bücher über finanzielle Fülle und Selbstentwicklung zu lesen und stieß dabei auf die Konzepte von Affirmationen und Visualisierung. Skeptisch, aber entschlossen, begann er, diese Techniken in sein Leben zu integrieren. Er wiederholte täglich Affirmationen wie "Ich ziehe Wohlstand und Fülle in mein Leben" und visualisierte sich selbst in einem Leben voller finanzieller Freiheit.

Anfangs fühlte es sich seltsam an, doch mit der Zeit begann Tom, eine Veränderung zu spüren. Er nahm mutig neue berufliche Chancen wahr und entwickelte innovative Ideen, die ihn voranbrachten. Sein Denken über Geld veränderte sich grundlegend. Er begann, Möglichkeiten zu sehen, wo vorher nur Hindernisse waren. Schritt für Schritt zog er finanzielle Fülle in sein Leben und realisierte Ziele, die er sich früher nicht einmal getraut hatte zu träumen. Heute lebt Tom ein Leben in finanzieller Unabhängigkeit und Fülle, das er sich früher nicht einmal vorstellen konnte.

Diese Geschichten von Sarah und Tom zeigen uns, dass negative Glaubenssätze in vielen Lebensbereichen auftreten können – sei es in Bezug auf Selbstwertgefühl, Erfolg, Beziehungen oder Geld. Doch sie zeigen auch, dass es möglich ist, diese Glaubenssätze zu überwinden und ein erfülltes und glückliches Leben zu führen. Indem wir uns mit diesen Geschichten auseinandersetzen und ihre Lehren auf unser eigenes Leben anwenden, können wir Inspiration und Motivation finden, unsere eigenen negativen Glaubenssätze zu überwinden und unser volles Potenzial zu entfalten.

Eines haben diese Geschichten auch gemeinsam. Bereits in der Kindheit werden wir durch die Glaubensätze unserer Eltern und Verwanden oder auch Lehrern beeinflusst und wir speichern diese Unbewusst ab. Unbemerkt halten sie uns im Unterbewusstsein klein. Wie du auch sehen kannst können wir diese Denkmuster Durchbrechen.

Mögen diese Geschichten dich auf deiner Reise der Selbstbefreiung und des persönlichen Wachstums begleiten und dich daran erinnern, dass du die Macht hast, dein Leben positiv zu verändern.

Kapitel 4: Schaffe Raum für das Positive

In den vorherigen Kapiteln haben wir uns intensiv mit der Überwindung negativer Glaubenssätze beschäftigt. Jetzt ist es an der Zeit, den Blick nach vorne zu richten und Raum für das Positive in unserem Leben zu schaffen. Denn nur wenn wir Platz für Positives schaffen, können wir wahre Veränderung erfahren und unser Leben in die gewünschte Richtung lenken.

Stell dir vor, dein Leben ist wie ein Zimmer. Wenn dieses Zimmer vollgestopft ist mit alten Möbeln, Kisten und Kram, bleibt kaum Platz für Neues. Es fühlt sich eng und erdrückend an, und du hast das Gefühl, nicht wirklich vorwärts zu kommen. Genau so ist es auch mit unseren Gedanken und Emotionen.

Wenn unser Geist von negativen Gedanken und alten Überzeugungen überladen ist, bleibt wenig Raum für Positives. Deshalb ist es wichtig, regelmäßig auszumisten und Platz zu schaffen für die Dinge, die uns Freude und Glück bringen. Das können kleine Alltagsmomente sein, wie ein Lächeln eines Freundes oder der Duft von frisch gebackenem Brot. Indem wir uns bewusst auf diese positiven Momente konzentrieren, geben wir ihnen Raum, sich auszubreiten und unser Leben zu bereichern.

Aber es geht nicht nur darum, Platz für die schönen Dinge zu schaffen. Wir müssen auch Platz schaffen für Veränderung und Wachstum. Das bedeutet, uns von allem zu befreien, was uns belastet und uns daran hindert, unser volles Potenzial zu entfalten. Das können alte Gewohnheiten sein, die uns nicht mehr dienen, oder Menschen, die uns energieraubend sind. Indem wir uns von diesen Ballaststoffen befreien, schaffen wir Platz für Neues und können uns auf das konzentrieren, was uns wirklich wichtig ist.

Also, lass uns gemeinsam damit beginnen, Platz für das Positive im Leben zu schaffen. Lass uns gemeinsam ausmisten und uns von allem befreien, was uns belastet. Denn nur wenn wir Raum für das Positive schaffen, können wir wahre Veränderung erfahren und ein Leben voller Freude, Erfüllung und Erfolg führen.

Anleitung zur Entwicklung und Stärkung positiver Glaubenssätze

Wenn wir über positive Veränderungen in unserem Leben sprechen, ist die Entwicklung und Stärkung positiver Glaubenssätze ein entscheidender Schritt. Diese Überzeugungen formen unsere Gedankenwelt und beeinflussen maßgeblich, wie wir die Welt um uns herum wahrnehmen und auf sie reagieren. Daher möchte ich heute mit dir eine ausführliche Anleitung teilen, wie du deine positiven Glaubenssätze entwickeln und stärken kannst.

- Selbstreflexion und Bewusstsein: Beginne damit, dich selbst zu reflektieren und bewusst wahrzunehmen, welche Glaubenssätze und Überzeugungen bereits in deinem Unterbewusstsein verankert sind. Frage dich, welche davon dir dabei helfen, dein Leben voranzubringen, und welche dich möglicherweise zurückhalten. Diese Selbstreflexion ist der erste Schritt zur Entwicklung positiver Glaubenssätze.

- Identifiziere deine Werte und Ziele: Um positive Glaubenssätze zu entwickeln, ist es wichtig, deine eigenen Werte und Ziele zu kennen. Frage dich, was dir im Leben wirklich wichtig ist und welche Ziele du erreichen möchtest. Deine positiven Glaubenssätze sollten diese Werte und Ziele widerspiegeln und dich dabei unterstützen, sie zu verwirklichen.

- Formuliere positive Affirmationen: Affirmationen sind kurze, positive Aussagen, die wir regelmäßig wiederholen, um unser Unterbewusstsein auf Glück und Erfolg einzustellen. Nimm dir Zeit, um positive Affirmationen zu formulieren, die deine Ziele und Werte reflektieren. Stelle sicher, dass sie persönlich, gegenwärtig und positiv formuliert sind. Zum Beispiel: "Ich bin voller Selbstvertrauen und gehe mutig meinen Weg" oder "Ich ziehe positive Menschen und Situationen in mein Leben". Ich gebe dir später noch einige Beispiele für positive Affirmationen mit an die Hand die sehr mächtig und Wirkungsvoll sind.

- Visualisierung: Die Kraft der Visualisierung ist ein weiteres mächtiges Werkzeug zur Stärkung positiver Glaubenssätze. Schließe deine Augen und stelle dir lebhaft vor, wie es sich anfühlt, deine Ziele zu erreichen und deine Träume zu verwirklichen. Visualisiere dich selbst als erfolgreiche, selbstbewusste Person, die ihr Leben in vollen Zügen genießt. Lasse diese Bilder in dein Unterbewusstsein eindringen und fühle die Freude und Erfüllung, die sie mit sich bringen.

- Umgebe dich mit positiven Einflüssen: Unsere Umgebung hat einen großen Einfluss auf unsere Gedanken und Gefühle. Verbringe Zeit mit Menschen, die dich unterstützen und inspirieren, und umgebe dich mit positiven Büchern, Filmen und Musik, die deine Stimmung heben und deine positiven Glaubenssätze stärken. Auch die Natur kann eine wunderbare Quelle der Inspiration und des Wohlbefindens sein.

- Praktiziere Dankbarkeit: Die Praxis der Dankbarkeit ist eine weitere effektive Methode zur Stärkung positiver Glaubenssätze. Nimm dir täglich Zeit, um über die Dinge nachzudenken, für die du dankbar bist, und schätze die positiven Aspekte deines Lebens. Indem du dich auf das konzentrierst, was du hast anstatt auf das, was dir fehlt, förderst du ein Gefühl der Fülle und Zufriedenheit.

Indem du diese Schritte befolgst und dich aktiv darauf konzentrierst, positive Glaubenssätze zu entwickeln und zu stärken, kannst du dein Unterbewusstsein neu programmieren und ein Leben voller Freude, Erfüllung und Erfolg führen. Denke daran, dass dies ein kontinuierlicher Prozess ist, der Zeit und Übung erfordert. Sei geduldig mit dir selbst und bleibe beharrlich, denn jeder kleine Schritt in Richtung positiver Veränderung ist ein Schritt in die richtige Richtung.

Kreative Übungen, die dich unterstützen

Wenn es darum geht, positive Glaubenssätze zu entwickeln und zu stärken, gibt es viele kreative Übungen. Wenn wir uns auf die Reise der Stärkung unserer positiven Glaubenssätze begeben, ist es hilfreich, eine Vielzahl dieser kreativen Übungen zu nutzen, die uns dabei unterstützen, diesen Prozess zu vertiefen und zu festigen.

1. Tagebuch führen: Dankbarkeit und Fülle festhalten
Beginne jeden Tag mit einem Moment der Dankbarkeit. Nimm dir Zeit, um in einem Dankbarkeitstagebuch drei Dinge festzuhalten, für die du dankbar bist. Diese könnten kleine Alltagsfreuden sein, wie ein freundliches Lächeln eines Fremden, oder bedeutungsvolle Momente der Verbundenheit mit deinen Liebsten. Indem du täglich deine Dankbarkeit ausdrückst, lenkst du deine Aufmerksamkeit auf die Fülle, die bereits in deinem Leben vorhanden ist, und stärkst deine positiven Glaubenssätze von Tag zu Tag.

2. Vision Board erstellen: Deine Träume visualisieren
Schnapp dir Zeitschriften, Bilder, Zitate und alles, was deine Träume und Ziele repräsentiert, und gestalte damit ein Vision Board.

Platziere es an einem Ort, an dem du es täglich sehen kannst, sei es an deiner Wand, an deinem Schreibtisch oder sogar als Hintergrundbild auf deinem Smartphone. Lasse dich von den Bildern und Affirmationen auf deinem Vision Board inspirieren und erinnere dich daran, welche Zukunft du für dich selbst erschaffen möchtest.

3. Meditation und Visualisierung: Die Kraft der inneren Bilder nutzen

Setze dich regelmäßig für eine kurze Meditation hin und nimm dir Zeit, um bewusst zu atmen und deine Gedanken zur Ruhe zu bringen. Anschließend visualisiere lebhaft deine Ziele und Träume, als wären sie bereits Realität. Spüre die Freude, das Glück und die Erfüllung, die mit ihrer Verwirklichung einhergehen. Indem du diese inneren Bilder immer wieder in deine Meditation einfließen lässt, programmierst du dein Unterbewusstsein auf Erfolg und manifestierst deine Träume Schritt für Schritt.

4. Kreative Ausdrucksformen: Deine Emotionen durch Kunst ausdrücken

Nutze kreative Ausdrucksformen wie Malen, Schreiben, Singen oder Tanzen, um deine innersten Gedanken und Gefühle auszudrücken. Male ein Bild, das deine Ziele und Träume symbolisiert, oder schreibe einen Brief an dein zukünftiges Selbst.

Durch diesen kreativen Ausdruck kannst du deine positiven Glaubenssätze auf eine tiefere Ebene verankern und sie mit deiner inneren Welt in Einklang bringen.

5. Affirmationskarten gestalten: Positivität zum Mitnehmen

Gestalte deine eigenen Affirmationskarten, auf denen du positive Affirmationen schreibst und sie mit Bildern und Farben verzierst. Trage diese Karten bei dir oder platziere sie an Orten, an denen du sie regelmäßig siehst, wie z.B. auf deinem Schreibtisch, an deinem Spiegel oder in deiner Brieftasche. Jedes Mal, wenn du eine Affirmationskarte ansiehst, erinnerst du dich daran, deine positiven Glaubenssätze zu stärken und an dich selbst zu glauben.

Indem du diese kreativen Übungen in deine tägliche Praxis integrierst, kannst du deine positiven Glaubenssätze auf eine tiefere Ebene bringen und dein Unterbewusstsein auf Erfolg und Erfüllung ausrichten. Sei offen für neue Erfahrungen und bleibe beharrlich in deiner Praxis. Denn jedes Mal, wenn du dich selbst liebevoll unterstützt und an deine Träume glaubst, manifestierst du eine Welt voller Möglichkeiten und Chancen.

<u>**Beispiel für ein Tagebuch / Journal:**</u>

5 MINUTEN JOURNAL / /

Kapitel 5: Affirmationen - deine täglichen Begleiter

Ich freue mich sehr, dass wir zusammen zu diesem wichtigen Punkt gekommen sind. Stell dir vor, wir sitzen gemeinsam in einem gemütlichen Café, du hast dein Lieblingsgetränk vor dir, und wir sprechen über die Geheimnisse, die das Leben bereithält. Ich möchte dir heute von einem der kraftvollsten Werkzeuge erzählen, die ich kenne: Affirmationen.

Affirmationen sind mehr als nur Wörter, die du aufsagst. Sie sind wie kleine, leuchtende Sterne am Himmel deines Geistes, die dir den Weg zeigen und dich daran erinnern, wie stark und fähig du wirklich bist. Vielleicht denkst du jetzt: „Können einfache Sätze wirklich so viel bewirken?" Lass mich dir sagen, sie können!

Lass uns einen Moment innehalten und an die Reise denken, die wir bis hierher gemacht haben. Du hast bereits gelernt, deine Gedanken zu lenken und negative Glaubenssätze zu erkennen. Jetzt, wo du den Boden vorbereitet hast, ist es Zeit, diese positiven Samen zu pflanzen und zu pflegen.

Affirmationen sind wie diese Samen. Jeden Tag, wenn du sie wiederholst, wachsen sie ein Stück mehr und verwandeln dein inneres Feld in ein blühendes Paradies. Aber was macht eine gute Affirmation aus? Und wie kannst du sie zu einem festen Bestandteil deines Alltags machen? Darüber wollen wir in diesem Kapitel sprechen.

Lass mich dir ein kleines Beispiel aus meinem eigenen Leben erzählen. Vor einigen Jahren, als ich an einem Scheideweg stand, fühlte ich mich oft unsicher und zweifelte an meinen Fähigkeiten. Ein Freund erzählte mir von Affirmationen und wie sie ihm geholfen haben. Zunächst war ich skeptisch, aber ich dachte mir, einen Versuch ist es wert. Also begann ich jeden Morgen mit einer einfachen Aussage: „Ich bin genug. Ich habe alles, was ich brauche, um erfolgreich und Glücklich zu sein."

Anfangs fühlte es sich seltsam an, fast so, als würde ich mir etwas vormachen. Aber nach einigen Wochen bemerkte ich eine Veränderung.

Diese kleinen Sätze hatten begonnen, in meinem Unterbewusstsein Wurzeln zu schlagen. Ich fühlte mich stärker, selbstbewusster und war bereit, Herausforderungen anzunehmen.

Und genau das möchte ich mit dir teilen. Affirmationen können dein täglicher Begleiter sein, der dich stärkt und dir Zuversicht schenkt. Du kannst sie überall und jederzeit anwenden. Egal, ob du sie morgens beim Zähneputzen wiederholst, sie in dein Tagebuch schreibst oder sie dir als Erinnerung auf dein Handy speicherst – Affirmationen passen sich deinem Leben an und unterstützen dich auf deinem Weg.

Ich bin überzeugt, dass du mit den richtigen Affirmationen und etwas Geduld Wunder in deinem Leben bewirken kannst.

Wie du effektive Affirmationen formulierst und anwendest

Jetzt, wo wir die Bedeutung von Affirmationen kennengelernt haben, möchte ich dir zeigen, wie du deine eigenen, kraftvollen Affirmationen formulieren und in deinem täglichen Leben anwenden kannst. Lass uns diesen Prozess gemeinsam durchgehen, als würden wir uns bei einem gemütlichen Spaziergang unterhalten. Es ist einfacher, als du vielleicht denkst, und es kann eine transformative Wirkung auf dein Leben haben.

Beginnen wir mit den Grundlagen. Effektive Affirmationen haben einige wichtige Merkmale, die sie besonders wirkungsvoll machen. Zunächst sollten Affirmationen immer positiv formuliert sein. Anstatt zu sagen „Ich werde nicht mehr ängstlich sein", sagst du „Ich bin mutig und selbstsicher". Dein Unterbewusstsein reagiert besser auf positive Aussagen, die das gewünschte Ergebnis bereits als Realität darstellen. Formuliere deine Affirmationen in der Gegenwartsform, als ob sie bereits wahr wären. Anstatt „Ich werde erfolgreich sein" sagst du „Ich bin erfolgreich". Dies hilft deinem Geist, das Gefühl zu entwickeln, dass das, was du dir wünschst, bereits Realität ist.

Je spezifischer deine Affirmationen sind, desto besser können sie wirken. Anstatt zu sagen „Ich bin glücklich", könntest du sagen „Ich bin glücklich und finde jeden Tag Freude in den kleinen Dingen". Wähle Worte, die starke positive Emotionen in dir auslösen. Deine Affirmationen sollten dich berühren und inspirieren. Wenn du sie aussprichst, sollten sie sich kraftvoll und bedeutsam anfühlen.

Hier sind einige Beispiele für Affirmationen, die du nutzen kannst oder als Inspiration für deine eigenen verwenden kannst: „Ich glaube an mich und meine Fähigkeiten" für Selbstvertrauen, „Ich bin gesund, stark und voller Energie" für Gesundheit, „Ich ziehe Erfolg und Fülle mühelos in mein Leben" für Erfolg, „Ich bin liebenswert und werde bedingungslos geliebt" für Liebe und „Ich lebe ein Leben in Wohlstand und Fülle" für Fülle.

Nachdem du deine Affirmationen formuliert hast, ist der nächste Schritt, sie in deinen Alltag zu integrieren. Beginne deinen Tag mit deinen Affirmationen. Sprich sie laut aus, während du in den Spiegel schaust. Dies kann dir einen positiven Start in den Tag geben und dein Selbstvertrauen stärken.

Schreibe deine Affirmationen auf kleine Karten und platziere sie an Orten, die du häufig siehst, wie dein Schreibtisch, dein Spiegel oder dein Kühlschrank. Jedes Mal, wenn du eine Karte siehst, wiederhole die Affirmation. Es gibt auch viele Apps, die dich daran erinnern können, deine Affirmationen regelmäßig zu wiederholen. Du kannst dir auch Sprachnachrichten aufnehmen und sie dir anhören, während du unterwegs bist.

Schreibe deine Affirmationen täglich in ein Journal. Hierfür gibt es ganz tolle Manifestations Journal wie das 3-6-9 Manifestations Journal, das ich speziell hierfür geschrieben habe. Das wiederholte Schreiben verstärkt die Botschaften in deinem Unterbewusstsein. Setze dich regelmäßig für einige Minuten in Stille, schließe die Augen und wiederhole deine Affirmationen. Visualisiere dabei, wie sich dein Leben verändert, wenn deine Affirmationen wahr werden.

Affirmationen wirken durch die Kraft der Wiederholung. Je öfter du sie wiederholst, desto tiefer werden sie in deinem Unterbewusstsein verankert. Es ist wichtig, geduldig zu sein und Vertrauen in den Prozess zu haben. Veränderungen geschehen nicht über Nacht, aber mit kontinuierlicher Praxis wirst du anfangen, die positiven Veränderungen in deinem Denken und Leben zu bemerken.

Denke daran, dass Affirmationen nicht nur Worte sind, sondern kraftvolle Werkzeuge, die dir helfen, dein Leben zu gestalten. Indem du sie bewusst und regelmäßig anwendest, kannst du negative Gedankenmuster durchbrechen und positive, stärkende Überzeugungen aufbauen. Ich freue mich darauf, zu sehen, wie diese Affirmationen dein Leben verändern und dich auf deinem Weg zu einem erfüllten, erfolgreichen und glücklichen Leben unterstützen.

Tägliche Routinen zum Einprägen neuer Überzeugungen

Ich möchte dir einige tägliche Routinen vorstellen, die dir helfen können, neue Überzeugungen tief in deinem Unterbewusstsein zu verankern. Diese Routinen sind einfach und effektiv, und sie lassen sich leicht in deinen Alltag integrieren. Betrachte sie als kleine, tägliche Rituale, die dir helfen, die beste Version von dir selbst zu werden.

Der Morgenritual: Positiv in den Tag starten

Der Morgen ist eine magische Zeit, um deine Gedanken und Überzeugungen zu formen. Wenn du aufwachst, ist dein Geist noch ruhig und empfänglich, perfekt geeignet für positive Einflüsse.

1. Dankbarkeitspraxis: Beginne deinen Tag, indem du dir drei Dinge überlegst, für die du dankbar bist. Schreibe sie in ein Dankbarkeitsjournal oder sage sie dir laut vor. Dankbarkeit öffnet dein Herz und lenkt deinen Fokus auf das Positive in deinem Leben.
2. Affirmationen im Spiegel: Stelle dich vor den Spiegel, schaue dir selbst in die Augen und wiederhole deine Affirmationen. Sag sie mit Überzeugung und Gefühl, als ob sie bereits Realität wären. Das Spiegelbild verstärkt die Wirkung und hilft dir, eine tiefere Verbindung zu deinen Worten herzustellen.
3. Visualisierung: Nimm dir ein paar Minuten, um deine Ziele und Träume zu visualisieren. Stell dir lebhaft vor, wie es sich anfühlt, wenn sie wahr werden. Diese mentale Übung kann unglaublich motivierend sein und deine neuen Überzeugungen stärken.

Die Macht der Wiederholung: Tagsüber Affirmationen integrieren

Es ist wichtig, dass du auch tagsüber immer wieder positive Gedanken und Affirmationen einfließen lässt. Hier sind einige einfache Methoden, um das zu tun:

1. Affirmationskarten: Schreibe deine wichtigsten Affirmationen auf kleine Karten und platziere sie an Orten, die du häufig siehst – auf deinem Schreibtisch, in deinem Auto oder am Kühlschrank. Jedes Mal, wenn du eine Karte siehst, nimm dir einen Moment, um die Affirmation laut zu wiederholen.
2. Erinnerungen auf dem Handy: Stelle dir auf deinem Handy Erinnerungen ein, die dich daran erinnern, deine Affirmationen zu wiederholen. Du kannst auch Apps nutzen, die speziell für positive Affirmationen und Erinnerungen entwickelt wurden.
3. Positiver Self-Talk: Achte auf deinen inneren Dialog. Wenn du bemerkst, dass negative Gedanken aufkommen, halte inne und ersetze sie bewusst durch positive Affirmationen. Sag dir selbst: „Ich bin stark und fähig" oder „Ich verdiene Erfolg und Glück."

Abendritual: Positiv abschließen

Der Abend ist eine wunderbare Zeit, um deinen Tag zu reflektieren und deine neuen Überzeugungen zu festigen. Beende deinen Tag mit diesen einfachen Schritten:

1. Dankbarkeit und Reflexion: Schreibe in ein Tagebuch, wofür du an diesem Tag dankbar bist und welche positiven Erfahrungen du gemacht hast. Diese Praxis hilft dir, den Tag mit einem positiven Gefühl abzuschließen und deinen Fokus auf das Gute zu lenken.
2. Affirmationen wiederholen: Vor dem Schlafengehen, wiederhole deine Affirmationen noch einmal. Dies kann helfen, deine positiven Gedanken in deinem Unterbewusstsein zu verankern, während du schläfst.
3. Meditation und Entspannung: Nimm dir einige Minuten, um zu meditieren oder einfach ruhig zu sitzen und tief zu atmen. Visualisiere, wie deine Affirmationen wahr werden und wie sich dein Leben positiv verändert.

Langfristige Gewohnheiten entwickeln

Die Macht der Affirmationen und positiven Überzeugungen entfaltet sich durch Wiederholung und Geduld. Hier sind einige Tipps, um diese neuen Routinen langfristig beizubehalten:

- Konsistenz ist der Schlüssel: Mache diese Praktiken zu einem festen Bestandteil deines Alltags. Auch wenn es nur wenige Minuten pro Tag sind, die regelmäßige Anwendung bringt die größten Veränderungen.
- Flexibilität: Sei flexibel und finde heraus, welche Methoden und Zeiten für dich am besten funktionieren. Jeder Mensch ist anders, und was für den einen funktioniert, passt möglicherweise nicht für den anderen.
- Geduld und Vertrauen: Veränderungen brauchen Zeit. Sei geduldig mit dir selbst und vertraue darauf, dass diese positiven Praktiken ihre Wirkung entfalten werden. Bleibe dran, auch wenn du nicht sofort Ergebnisse siehst.

Indem du diese täglichen Routinen integrierst, schaffst du ein starkes Fundament für deine neuen, positiven Überzeugungen. Du wirst feststellen, dass sich dein Denken, deine Einstellung und letztlich auch dein Leben verändern. Ich freue mich darauf, zu sehen, wie diese einfachen, aber kraftvollen Gewohnheiten dich auf deinem Weg zu einem erfüllten, glücklichen und erfolgreichen Leben begleiten.

Affirmationen

Ich habe dir hier einige Beispiele für kraftvolle Affirmationen aufgeschrieben. In den folgenden Beispielen präsentiere ich dir eine Auswahl von kraftvollen Affirmationen zu verschiedenen Themen, die dich dabei unterstützen sollen, dein Selbstbewusstsein zu stärken, deine Ziele zu erreichen und ein erfülltes Leben zu führen. Wähle diejenigen aus, die dich am meisten ansprechen, und wiederhole sie regelmäßig, um ihre transformative Kraft zu nutzen.

Im Anschluss zeige ich dir einige Kraftvolle Beispiele für Affirmationen zu verschiedenen Bereichen.

Glücklich sein:

1. Ich wähle jeden Tag, glücklich zu sein, unabhängig von den äußeren Umständen.
2. Glück ist meine natürliche Essenz, und ich erlaube mir, es in jedem Moment zu spüren.
3. Ich strahle Glück und Freude aus und ziehe positive Energien in mein Leben.
4. Ich bin dankbar für die kleinen Freuden des Lebens, die mir täglich begegnen.
5. Mein Herz ist voller Dankbarkeit und Freude für alles, was ich erlebe.
6. Ich erkenne die Schönheit und den Segen in jedem Moment und bin dafür dankbar.
7. Glück fließt durch mich hindurch, und ich teile es großzügig mit anderen.
8. Ich erlaube mir, mich selbst zu lieben und mich von innen heraus glücklich zu fühlen.
9. Jeder Tag bietet mir neue Möglichkeiten, glücklich zu sein und mein Leben zu genießen.
10. Ich bin der Schöpfer meines eigenen Glücks und gestalte mein Leben nach meinen Wünschen.

Dankbarkeit:

1. Ich bin dankbar für die Fülle und die Segnungen, die mein Leben bereichern.
2. Dankbarkeit ist mein täglicher Begleiter, der mein Herz mit Freude erfüllt.
3. Ich schätze die Geschenke des Lebens und erkenne die Kraft der Dankbarkeit.
4. Jeder Atemzug ist ein Geschenk, und ich bin dankbar für die Magie des Lebens.
5. Ich öffne mein Herz für die unendlichen Möglichkeiten, für die ich dankbar bin.
6. Dankbarkeit ist der Schlüssel zu einem erfüllten und glücklichen Leben.
7. Ich erkenne die Schönheit in den kleinen Dingen des Lebens und bin dafür dankbar.
8. Jeder Tag bietet mir neue Gelegenheiten, Dankbarkeit zu praktizieren und zu wachsen.
9. Ich bin dankbar für die Liebe, die ich erhalte, und für die Liebe, die ich geben kann.
10. Dankbarkeit durchdringt mein Sein und erfüllt mein Leben mit tiefer Zufriedenheit.

Achtsamkeit:

1. Ich lebe im Hier und Jetzt und genieße jeden Moment vollkommen.
2. Achtsamkeit ist mein Schlüssel zu innerem Frieden und Gelassenheit.
3. Ich bin mir meiner Gedanken, Gefühle und Handlungen bewusst und handle mit Bedacht.
4. Jeder Atemzug bringt mich zurück zum gegenwärtigen Moment, wo ich Ruhe und Klarheit finde.
5. Ich nehme meine Umgebung bewusst wahr und schätze die Schönheit des Augenblicks.
6. Achtsamkeit ermöglicht es mir, mich selbst und andere mit Mitgefühl und Verständnis zu betrachten.
7. Ich lebe ein Leben voller Präsenz und bewusster Entscheidungen.
8. Ich bin offen für die Weisheit, die in jedem Moment der Achtsamkeit liegt.
9. Achtsamkeit ist der Schlüssel zu einem erfüllten und authentischen Leben.
10. Ich bin dankbar für die Geschenke, die die Praxis der Achtsamkeit mir bietet, und lebe bewusst und aufmerksam.

Geld / Wohlstand:

1. Ich bin ein Magnet für Fülle und Wohlstand, der Geld und Überfluss in mein Leben zieht.
2. Geld fließt mühelos und in Hülle und Fülle in mein Leben.
3. Ich erkenne meinen Wert und bin es wert, finanziell erfolgreich und wohlhabend zu sein.
4. Ich bin offen für alle Möglichkeiten, um Geld auf positive und ethische Weise zu verdienen.
5. Meine Finanzen sind stabil und wachsen stetig, und ich bin dankbar für meinen finanziellen Wohlstand.
6. Ich gehe mit Geld verantwortungsbewusst um und nutze es, um mein Leben und das Leben anderer zu bereichern.
7. Ich bin frei von Geldsorgen und lebe in Fülle und Überfluss.
8. Ich bin finanziell unabhängig und habe die Freiheit, mein Leben nach meinen Wünschen zu gestalten.
9. Ich bin ein erfolgreicher Schöpfer meines finanziellen Schicksals und ziehe Wohlstand in mein Leben.
10. Geld ist ein Werkzeug, um meine Träume zu verwirklichen, und ich nutze es mit Weisheit und Großzügigkeit

Liebe:

1. Ich bin würdig, bedingungslos geliebt zu werden, genau so wie ich bin.
2. Die Liebe, die ich gebe, kehrt in vielfacher Weise zu mir zurück.
3. Mein Herz ist offen für die tiefe und erfüllende Liebe, die das Leben zu bieten hat.
4. Ich ziehe liebevolle und unterstützende Beziehungen in mein Leben, die mir Wachstum und Freude bringen.
5. Ich bin der Schöpfer meiner eigenen Liebesgeschichte und erschaffe eine Partnerschaft voller Respekt, Vertrauen und Leidenschaft.
6. Die Liebe in meinem Leben wächst jeden Tag, und ich bin dankbar für die Liebe, die ich geben und empfangen kann.
7. Ich strahle Liebe aus und ziehe liebevolle Menschen und Erfahrungen in mein Leben.
8. Mein Herz ist voller Liebe und Mitgefühl für mich selbst und für andere.
9. Ich bin bereit, mich bedingungslos zu lieben und die Liebe zu empfangen, die ich verdiene.
10. Die Liebe ist meine wahre Natur, und ich bin umgeben von Liebe, wo immer ich hingehe.

Erfolg / Beruf:

1. Ich bin ein erfolgreicher Schöpfer meines eigenen Schicksals und ziehe Erfolg in allen Bereichen meines Lebens an.
2. Jeder Tag bringt mir neue Möglichkeiten, meine Träume zu verwirklichen und meine Ziele zu erreichen.
3. Erfolg ist mein natürlicher Zustand, und ich gehe mutig voran, um meine Ziele zu verwirklichen.
4. Ich bin ein Magnet für Erfolg und Wohlstand, und ich ziehe mühelos Erfolg in mein Leben.
5. Mein Beruf erfüllt mich, und ich folge meiner Leidenschaft, um meine Träume zu verwirklichen.
6. Ich bin ein Meister meines Handwerks und setze mein volles Potenzial frei, um in meinem Beruf erfolgreich zu sein.
7. Erfolg ist ein Produkt meiner harten Arbeit, meines Engagements und meiner Entschlossenheit.
8. Ich bin dankbar für die Erfolge, die ich bereits erreicht habe, und freue mich auf die Erfolge, die noch kommen werden.
9. Meine Arbeit ist erfüllend und bedeutungsvoll, und ich trage positiv zur Welt bei.
10. Ich bin bereit, groß zu denken und groß zu träumen, denn ich weiß, dass der Erfolg in meinen Händen liegt.

Selbstbewusstsein:

1. Ich bin voller Selbstvertrauen und stehe fest zu mir selbst, egal was passiert.
2. Ich bin einzigartig und wertvoll, und ich habe das Recht, mein Leben nach meinen eigenen Wünschen zu gestalten.
3. Ich glaube an meine Fähigkeiten und weiß, dass ich jede Herausforderung meistern kann, die mir begegnet.
4. Mein Selbstwert ist unerschütterlich, und ich lasse nicht zu, dass die Meinungen anderer mein Selbstbewusstsein beeinflussen.
5. Ich bin stolz auf meine Erfolge und lerne aus meinen Misserfolgen, denn sie machen mich stärker und weiser.
6. Ich liebe und akzeptiere mich selbst, bedingungslos, mit all meinen Stärken und Schwächen.
7. Ich stehe zu meinen Überzeugungen und lasse mich nicht von Selbstzweifeln oder Unsicherheiten zurückhalten.
8. Jeder Tag bietet mir die Möglichkeit, mein Selbstbewusstsein weiter zu stärken und mein volles Potenzial auszuschöpfen.
9. Ich strahle Selbstbewusstsein aus, und andere Menschen nehmen mich als selbstsichere und inspirierende Person wahr.
10. Mein Selbstbewusstsein wächst mit jeder positiven Handlung, die ich setze, und mit jedem Schritt, den ich auf meinem Weg gehe.

Kapitel 6: Visualisierung - Das Kopfkino deiner Träume

Stell dir vor, du sitzt am Ufer eines klaren, glitzernden Sees. Die Sonne streichelt sanft deine Haut, und eine leichte Brise trägt den Duft von Blumen zu dir herüber. Während du dort sitzt und die friedliche Szene genießt, schließt du die Augen und beginnst zu träumen. Du siehst dich selbst in deiner idealen Zukunft: Erfolgreich, glücklich und erfüllt von Liebe und Fülle. Dieses Bild ist so klar und lebendig, dass du spüren kannst, wie die Emotionen der Freude und Dankbarkeit durch deinen Körper fließen.

Dieses Gefühl, diese lebendige Vorstellungskraft, ist der Kern der Visualisierung.

Es ist die Fähigkeit, unsere Ziele und Träume so lebhaft zu sehen und zu fühlen, als wären sie bereits Realität. Und das Schöne daran?

Diese Technik ist für jeden von uns zugänglich. Du brauchst keine besonderen Fähigkeiten oder Talente – nur die Bereitschaft, deine Vorstellungskraft zu nutzen und an die Kraft deiner Träume zu glauben.

In diesem Kapitel werden wir gemeinsam erkunden, wie du diese kreative Kraft der Visualisierung nutzen kannst, um deine Zukunft zu gestalten. Wir werden entdecken, warum Visualisierung so effektiv ist und wie du sie in dein tägliches Leben integrieren kannst, um deine Ziele zu erreichen und deine Träume Wirklichkeit werden zu lassen.

Aber lass mich dir noch etwas verraten: Visualisierung ist nicht nur ein Werkzeug zur Manifestation – es ist auch eine Quelle der Inspiration und des inneren Friedens. Wenn wir uns regelmäßig auf unsere Ziele und Träume konzentrieren, stärken wir nicht nur unseren Glauben an uns selbst, sondern erleben auch ein tiefes Gefühl der Verbundenheit mit unserer inneren Weisheit und unserem höheren Selbst.

Techniken zur kraftvollen Visualisierung deiner Ziele

Tauchen wir tief in die Welt der Visualisierung ein und entdecken, wie du deine Vorstellungskraft nutzen kannst, um deine Wünsche zu manifestieren. Stell dir vor, Visualisierung ist wie das Zeichnen einer Karte, die dein Unterbewusstsein nutzt, um den Weg zu deinen Träumen zu finden.

Visualisierung ist eine kraftvolle Technik, um deine Ziele und Träume lebendig werden zu lassen. Beginne damit, deine Augen zu schließen und dir so klar wie möglich vorzustellen, wie deine Ziele bereits Realität geworden sind. Stell dir jede Einzelheit deiner gewünschten Situation vor – die Umgebung, die Menschen um dich herum, deine Handlungen und vor allem deine Gefühle. Mach das Bild so lebendig und realistisch wie möglich.

Doch halt, es geht nicht nur darum, ein Bild zu sehen. Aktiviere auch deine anderen Sinne. Spüre die Texturen – wie fühlt sich der Boden unter deinen Füßen an? Höre die Geräusche – was kannst du in dieser perfekten Zukunft hören? Rieche die Düfte – gibt es einen besonderen Geruch in der Luft? Schmecke die Geschmäcker – vielleicht das Aroma deines Lieblingsessens. Indem du alle Sinne einbeziehst, wird deine Visualisierung kraftvoller und eindringlicher.

Jetzt fragst du dich vielleicht: "Wann soll ich das alles machen?" Integriere die Visualisierung in deine tägliche Routine, vorzugsweise morgens und abends. Je häufiger du deine Ziele visualisierst, desto stärker wird die Verbindung zwischen deinem Unterbewusstsein und deinen Zielen. Visualisierung wird so zu einem natürlichen Bestandteil deines Denkens und Handelns.

Aber warte, es gibt noch mehr! Nutze Bilder, Vision Boards oder andere visuelle Hilfsmittel, um deine Ziele zu repräsentieren. Diese Tools können deine Visualisierung verstärken und dir helfen, dich noch besser auf deine Ziele zu konzentrieren. Stell dir vor, dein Vision Board ist wie ein magischer Spiegel, der dir zeigt, was möglich ist.

Ein weiterer wichtiger Punkt: Lenke deine Aufmerksamkeit ausschließlich auf das, was du erreichen möchtest, und vermeide negative Gedanken oder Zweifel. Visualisiere deine Ziele mit einer positiven und optimistischen Haltung. Konzentriere dich auf die Möglichkeiten und Chancen, die sich dir bieten, und fühle die Freude und das Glück, die mit der Verwirklichung deiner Ziele einhergehen. Es ist, als ob du deinem inneren Künstler sagst, nur mit den leuchtendsten Farben zu malen.

Und vergiss nicht, deine Emotionen in deine Visualisierung einfließen zu lassen. Spüre die Freude, die Erfüllung und das Glück, die mit der Verwirklichung deiner Ziele verbunden sind. Emotionen verstärken die Kraft der Visualisierung und helfen dir, eine tiefere Verbindung zu deinen Zielen aufzubauen.

Sei geduldig und beharrlich in deiner Visualisierungspraxis, auch wenn sich zunächst keine sofortigen Veränderungen zeigen. Vertraue darauf, dass deine Visualisierungen wirken und deine Ziele sich nach und nach manifestieren werden. Denke daran, Rom wurde auch nicht an einem Tag erbaut – genauso wenig deine Träume.

Diese Techniken können dir helfen, deine Visualisierungspraxis zu vertiefen und deine Ziele effektiver zu manifestieren. Experimentiere mit verschiedenen Methoden und finde heraus, welche für dich am besten funktionieren. Und vor allem: Glaube an die Kraft deiner Vorstellungskraft und daran, dass du alles erreichen kannst, was du dir vornimmst.

"Jeder einzelne unserer Gedanken gestaltet unsere Zukunft"

Beispiele für erfolgreiche Visualisierungspraktiken

In der Welt der Visualisierung gibt es zahlreiche inspirierende Beispiele dafür, wie Menschen diese Technik erfolgreich in verschiedenen Lebensbereichen einsetzen. Diese Geschichten verdeutlichen die Wirksamkeit der Visualisierung und zeigen, wie sie helfen kann, Ziele zu erreichen und Träume zu verwirklichen. Lass uns einige dieser beeindruckenden Beispiele betrachten.

Nehmen wir die Welt des Sports. Viele Profisportler nutzen Visualisierung, um sich mental auf Wettkämpfe vorzubereiten. Stell dir vor, du bist ein Olympiaschwimmer, der sich auf das Rennen seines Lebens vorbereitet. Du sitzt ruhig am Beckenrand, schließt die Augen und stellst dir vor, wie du perfekt startest, kraftvolle Züge machst und schließlich als Erster die Wand berührst. Diese mentale Vorbereitung stärkt dein Selbstvertrauen und verbessert deine Leistungsfähigkeit, wenn es darauf ankommt. Solche Visualisierungsübungen sind der geheime Schlüssel hinter vielen Goldmedaillen.

Auch im Geschäftsleben ist Visualisierung ein mächtiges Werkzeug. Stell dir vor, du bist ein Geschäftsleiter, der sich auf eine entscheidende Präsentation vorbereitet. In deinem Büro, während die Stadt langsam erwacht, schließt du die Augen und siehst dich selbst vor dem Vorstand stehen.

Du sprichst klar und überzeugend, präsentierst deine Argumente mit Nachdruck und siehst die zustimmenden Gesichter deiner Zuhörer. Diese mentale Probe stärkt dein Selbstvertrauen und hilft dir, deine Ziele mit größerer Klarheit und Überzeugungskraft zu erreichen.

Im Bereich der Gesundheit und des Wohlbefindens setzen Menschen Visualisierung ein, um ihre Gesundheit zu verbessern und ihre Lebensqualität zu steigern. Stell dir vor, du möchtest gesünder leben und fitter werden. Jeden Morgen visualisierst du dich selbst beim Joggen durch den Park, spürst die kühle Morgenluft, hörst die Vögel zwitschern und fühlst dich voller Energie. Diese Vorstellung motiviert dich, tatsächlich aufzustehen und loszulaufen. Mit der Zeit werden diese gesunden Gewohnheiten zur Realität, und du fühlst dich fitter und glücklicher.

In zwischenmenschlichen Beziehungen kann Visualisierung ebenfalls eine bedeutende Rolle spielen. Stell dir vor, du möchtest die Beziehung zu deinem Partner verbessern. Abends, bevor du einschläfst, stellst du dir vor, wie ihr liebevoll miteinander sprecht, Verständnis zeigt und eure gemeinsame Zeit genießt. Diese Visualisierungen stärken deine zwischenmenschlichen Fähigkeiten und fördern eine positive Beziehungsdynamik.

Schließlich nutzen auch Unternehmer und Geschäftsleute Visualisierung, um finanziellen Erfolg und Wohlstand anzuziehen. Stell dir vor, du bist ein aufstrebender Unternehmer, der sich in einer schwierigen Marktsituation behaupten will. Du schließt die Augen und visualisierst, wie du erfolgreiche Geschäftsabschlüsse machst, finanzielle Ziele erreichst und ein Leben in finanzieller Freiheit führst. Diese positive mentale Einstellung fokussiert deine Energie auf deine finanziellen Ziele und zieht dadurch Chancen und Möglichkeiten an.

Diese Beispiele zeigen die vielfältigen Anwendungsmöglichkeiten der Visualisierungstechnik und wie sie dabei helfen kann, Ziele zu erreichen und Träume zu verwirklichen. Indem wir uns bewusst auf unsere Ziele konzentrieren und sie regelmäßig visualisieren, können auch wir die Kraft der Visualisierung nutzen, um ein erfülltes und erfolgreiches Leben zu führen.

You
ARE
Amazing

Kapitel 7: Manifestiere Schritt für Schritt

Nun sind wir an einem entscheidenden Punkt unserer Reise angekommen. Wir haben über die Grundlagen der Manifestation gesprochen, deine gegenwärtigen Überzeugungen erkundet und Wege gefunden, negative Glaubenssätze loszulassen. Du hast gelernt, wie mächtig deine Gedanken sind und wie du sie bewusst lenken kannst, um dein Leben zu transformieren. Jetzt ist es an der Zeit, diese Erkenntnisse in konkrete Handlungen umzusetzen und Schritt für Schritt deine Träume zu manifestieren.

Zuerst einmal möchte ich betonen, dass Manifestation kein magischer Zauber ist, der über Nacht wirkt. Es ist ein Prozess, der Zeit, Geduld und Engagement erfordert. Doch mit der richtigen Einstellung und den richtigen Werkzeugen kannst du Schritt für Schritt deine Ziele erreichen und ein erfülltes Leben nach deinen Vorstellungen gestalten.

Der erste Schritt auf deinem Manifestationsweg ist es, deine Ziele klar und konkret zu definieren. Was möchtest du in deinem Leben erreichen? Welche Träume möchtest du verwirklichen? Nimm dir Zeit, um darüber nachzudenken und deine Ziele klar zu formulieren. Schreibe sie auf und visualisiere sie regelmäßig, um deine Absichten zu stärken und deine Motivation zu erhöhen.

Sobald du deine Ziele definiert hast, ist es wichtig, positive Affirmationen zu verwenden, um dein Unterbewusstsein auf Erfolg einzustimmen. Wähle Worte und Sätze, die deine Ziele bereits als Realität darstellen, als wären sie bereits geschehen. Wiederhole diese Affirmationen täglich und spüre die Kraft und Überzeugung hinter ihnen.

Ein weiterer wichtiger Schritt ist es, dich auf die gegenwärtigen Möglichkeiten zu konzentrieren und Schritte in Richtung deiner Ziele zu unternehmen.

Setze klare und realistische Zwischenziele, die dich näher an deine großen Ziele heranführen. Jeder Schritt, den du machst, bringt dich weiter auf deinem Weg und stärkt deine Manifestationskraft.

Achte dabei auch auf deine Gedanken und Gefühle. Sei dir bewusst, wenn negative Gedanken oder Zweifel auftauchen, und arbeite daran, sie loszulassen. Ersetze sie durch positive Affirmationen und konzentriere dich auf das, was du erreichen möchtest, anstatt auf das, was du befürchtest.

Sei offen für die Zeichen und Synchronizitäten, die das Universum dir schickt. Oftmals erhältst du Hinweise und Unterstützung auf deinem Weg, wenn du aufmerksam bist und bereit, sie anzunehmen. Vertraue darauf, dass das Universum dir den Weg weist und dich auf deiner Reise begleitet.

Und schließlich, mein Freund, sei geduldig und beharrlich. Manifestation ist ein kontinuierlicher Prozess, der Zeit und Ausdauer erfordert. Bleibe fokussiert auf deine Ziele, glaube an deine Fähigkeiten und sei bereit, die notwendigen Schritte zu unternehmen, um deine Träume zu manifestieren.

Ich weiß, dass du das Potenzial hast, alles zu erreichen, was du dir vorgenommen hast. Mit Entschlossenheit, Glauben und einer klaren Vision kannst du Schritt für Schritt deine Träume manifestieren und ein Leben voller Glück, Erfolg und Erfüllung erschaffen. Sei mutig, mein Freund, und gehe deinen Weg mit Zuversicht und Freude. Du bist der Schöpfer deines Schicksals, und die Welt liegt dir zu Füßen.

Der Weg von kleinen Veränderungen zu großen Ergebnissen

Es gibt eine alte Weisheit, die besagt: "Kleine Dinge machen den Unterschied." Diese Worte könnten nicht wahrer sein, wenn es um die Manifestation geht. Oftmals glauben wir, dass wir große und dramatische Veränderungen vornehmen müssen, um unsere Ziele zu erreichen. Doch die Realität ist oft anders.

Der Weg zu großen Ergebnissen beginnt mit kleinen, konsequenten Veränderungen. Es sind die kleinen Handlungen, die wir täglich setzen, die den größten Einfluss auf unsere langfristige Entwicklung haben. Indem wir uns auf kleine, erreichbare Ziele konzentrieren und jeden Tag Schritte in Richtung unserer Träume unternehmen, schaffen wir ein solides Fundament für langfristigen Erfolg.

Es ist wie das Bauen eines Hauses. Jeder Ziegelstein, den wir legen, trägt dazu bei, die Struktur zu stabilisieren und das Gebäude zu errichten. Indem wir jeden Tag kleine Schritte setzen und konsequent an unseren Zielen arbeiten, schaffen wir ein solides Fundament für unseren Erfolg.

Denke daran, dass es nicht darauf ankommt, wie groß oder klein deine Handlungen sind, sondern darauf, dass du sie konsequent umsetzt. Selbst die kleinste Tat kann einen großen Unterschied machen, wenn sie regelmäßig ausgeführt wird.

Vertraue darauf, dass auch kleine Veränderungen zu großen Ergebnissen führen können, wenn du ihnen die Zeit und Aufmerksamkeit schenkst, die sie verdienen. Mit Ausdauer und Entschlossenheit wirst du deine Träume verwirklichen und ein erfülltes Leben nach deinen Vorstellungen führen.

"Erwecke dein volles Potential und lebe dein bestmögliches Leben."

Tipps, um am Ball zu bleiben und Fortschritte zu messen

Auf deiner Reise der Manifestation wirst du feststellen, dass die Motivation nicht immer auf dem Höhepunkt ist. Es gibt Momente der Euphorie, in denen du das Gefühl hast, die Welt erobern zu können, aber auch Zeiten der Unsicherheit und der Selbstzweifel. Um in diesen schwierigen Momenten weiterhin voranzukommen, ist es wichtig, einige bewährte Methoden anzuwenden, um am Ball zu bleiben und deine Fortschritte zu messen.

- Halte deine Ziele im Blick: Deine Ziele sind wie der Nordstern, der dir den Weg weist. Es ist wichtig, sie regelmäßig vor Augen zu haben und sie lebendig zu halten. Verbringe Zeit damit, deine Ziele zu visualisieren und sie mit Emotionen zu füllen. Stelle dir vor, wie es sich anfühlen wird, wenn du sie erreichst, und lasse diese Gefühle deine Motivation steigern.

- Erstelle einen detaillierten Aktionsplan: Ein klar definierter Aktionsplan ist entscheidend für deinen Erfolg. Setze dir klare Ziele und unterteile sie in kleinere, leichter zu erreichende Meilensteine. Dies macht deine Ziele weniger überwältigend und gibt dir einen klaren Weg, um sie zu erreichen.

- Bleibe flexibel und anpassungsfähig: Es ist wichtig, flexibel zu bleiben und sich an Veränderungen anzupassen. Manchmal verläuft nicht alles nach Plan, und das ist in Ordnung. Sei bereit, deinen Kurs anzupassen und neue Wege zu finden, um deine Ziele zu erreichen.

- Feiere deine Erfolge, egal wie klein sie sind: Jeder Fortschritt, den du machst, ist ein Grund zum Feiern. Belohne dich selbst für deine Bemühungen und erkenne an, wie weit du bereits gekommen bist. Dies stärkt deine Motivation und ermutigt dich, weiterzumachen.

- Führe ein Manifestationsjournal: Halte deine Gedanken, Gefühle und Fortschritte in einem Manifestationsjournal fest. Schreibe täglich auf, was du erreicht hast, was dich inspiriert hat und wie du dich gefühlt hast. Dies hilft dir, deine Entwicklung zu verfolgen und dich an deine Erfolge zu erinnern.

- Suche nach Unterstützung und Gemeinschaft: Umgebe dich mit Menschen, die dich unterstützen und ermutigen, deine Ziele zu verfolgen. Teile deine Träume und Herausforderungen mit ihnen und lasse dich von ihrer Unterstützung und ihrem Rat inspirieren.

- Reflektiere und justiere deine Strategie: Nimm dir regelmäßig Zeit, um deine Fortschritte zu reflektieren und zu bewerten. Überprüfe, was gut funktioniert hat und was nicht, und passe deine Strategien entsprechend an. Lerne aus deinen Erfahrungen und bleibe offen für Wachstum und Entwicklung.

Indem du diese Tipps befolgst und konsequent an deinen Manifestations Zielen arbeitest, wirst du in der Lage sein, am Ball zu bleiben und kontinuierlich Fortschritte zu machen.

Kapitel 8: Überwinde Rückschläge

In jedem Leben gibt es Höhen und Tiefen, Siege und Niederlagen. Auf dem Weg zur Manifestation wirst du mit Rückschlägen konfrontiert sein, die dich manchmal aus der Bahn werfen können. Doch lasse dich davon nicht entmutigen, denn Rückschläge sind Teil des Prozesses und bieten dir die Möglichkeit zu wachsen und zu lernen.

Ich erinnere mich an eine Zeit in meinem eigenen Leben, als ich fest davon überzeugt war, dass ich meine Ziele erreichen würde. Ich hatte klare Ziele vor Augen, arbeitete hart und glaubte fest daran, dass ich erfolgreich sein würde. Doch dann kam der Rückschlag.

Eine unerwartete Herausforderung, die all meine Pläne zu durchkreuzen schien. In diesem Moment fühlte es sich an, als ob meine Träume in tausend Stücke zerbrochen wären.

Doch in diesen dunklen Momenten erinnerte ich mich an etwas Wichtiges: Rückschläge sind nicht das Ende, sondern der Anfang einer neuen Chance. Sie sind die Gelegenheit, umzudenken, sich anzupassen und stärker als je zuvor zurückzukommen. Also stand ich wieder auf, blickte meinen Herausforderungen mutig ins Auge und beschloss, weiterzumachen.

Umgang mit Herausforderungen auf deinem Manifestationsweg

Stell dir vor, du segelst auf dem weiten Ozean des Lebens, die Segel gespannt und die Sonne im Gesicht. Doch plötzlich ziehen dunkle Wolken auf und der Wind wird rauer. Keine Panik! Herausforderungen sind die unvermeidlichen Wellen auf deinem Weg. Sie sind nicht dazu da, dich zu entmutigen, sondern dir die Chance zu geben, zu wachsen und stärker zu werden. Lass uns gemeinsam herausfinden, wie du diese Wellen reiten kannst.

Zunächst einmal, wenn du vor einer Herausforderung stehst, sieh sie als eine Gelegenheit zum Wachstum.

Frag dich: "Was kann ich aus dieser Situation lernen? Wie kann ich gestärkt daraus hervorgehen?" Oft sind es gerade die schwierigen Zeiten, die uns die größten Lektionen erteilen und uns zu unseren wahren Stärken führen. Wie ein weiser Seemann einmal sagte: "Eine ruhige See hat noch nie einen erfahrenen Seefahrer hervorgebracht."

Ein wichtiger Schritt im Umgang mit Herausforderungen ist es, sich selbst zu erlauben, verletzlich zu sein. Ja, richtig gehört. Es ist okay, sich unsicher zu fühlen oder Angst zu haben, wenn Dinge nicht nach Plan laufen. Erlaube dir, diese Gefühle zu spüren, aber lass sie nicht die Oberhand gewinnen. Stell dir vor, deine Ängste sind wie Wolken – sie ziehen vorbei. Bleib optimistisch und glaube fest daran, dass du die Fähigkeiten hast, jede Herausforderung zu meistern, die dir begegnet.

Und jetzt kommt das Team ins Spiel. Suche nach Unterstützung bei Freunden, Familie oder Mentoren, die dir in schweren Zeiten beistehen können. Teile deine Ängste und Sorgen mit ihnen. Lass dich von ihrer Weisheit und Unterstützung inspirieren. Manchmal braucht es nur eine frische Brise von außen, um die Segel wieder richtig zu setzen.

Aber das ist noch nicht alles. Nutze die Kraft der Affirmationen und positiven Gedanken, um deine mentale Einstellung zu stärken.

Wiederhole positive Affirmationen wie: "Ich bin stark und entschlossen." oder "Ich überwinde jede Herausforderung mit Leichtigkeit." Visualisiere dich selbst dabei, wie du erfolgreich die Hindernisse auf deinem Weg überwindest. Stell dir vor, wie du mit einem Lächeln im Gesicht die Wellen meisterst. Diese mentalen Werkzeuge können dir helfen, optimistisch zu bleiben und dich auf deinem Manifestationsweg voranzubringen.

Und schließlich, erinnere dich daran, dass jede Herausforderung eine Gelegenheit ist, zu wachsen und zu lernen. Sei dankbar für die Lektionen, die du aus ihnen ziehen kannst. Betrachte sie als einen integralen Teil deines Entwicklungsprozesses. Wie ein altes Sprichwort sagt: "Jede Herausforderung ist ein Geschenk, das darauf wartet, ausgepackt zu werden." Mit der richtigen Einstellung und Entschlossenheit kannst du jede Herausforderung meistern, die dir begegnet, und gestärkt daraus hervorgehen.

Also, wenn das Leben dir das nächste Mal eine Welle schickt, erinnere dich daran: Du bist der Kapitän deines eigenen Schiffs. Setz die Segel, halte das Steuer fest und genieße die Fahrt – die schönsten Sonnenaufgänge folgen oft auf die stürmischsten Nächte.

Kapitel 9: Die Verbindung zwischen Manifestation und Selbstwertgefühl

Die Verbindung zwischen Manifestation und Selbstwertgefühl ist eine faszinierende und kraftvolle Dynamik. Unser Selbstwertgefühl beeinflusst, wie wir uns selbst wahrnehmen und wie wir uns in der Welt manifestieren. Auf der anderen Seite kann die Art und Weise, wie wir unsere Realität gestalten, auch unser Selbstwertgefühl beeinflussen. Lass uns diese Wechselwirkung einmal genauer unter die Lupe nehmen.

Stell dir vor, dein Selbstwertgefühl ist wie der Motor eines Autos. Wenn der Motor gut läuft, bewegt sich das Auto mühelos vorwärts.

Doch wenn der Motor stottert oder nicht richtig gewartet wird, wird die Fahrt holprig und langsam. Ein geringes Selbstwertgefühl kann dazu führen, dass wir negative Gedanken und Überzeugungen manifestieren. Wir ziehen Situationen und Menschen an, die diese negativen Überzeugungen bestätigen. Es ist, als würde unser innerer Motor uns ständig im Kreis fahren lassen, ohne dass wir wirklich vorankommen.

Auf der anderen Seite können positive Manifestationen dazu beitragen, unser Selbstwertgefühl zu stärken. Indem wir positive Gedanken und Überzeugungen in die Welt senden, ziehen wir positive Erfahrungen an, die uns dabei helfen, unser Selbstwertgefühl zu steigern. Es ist, als würden wir unserem Motor regelmäßig hochwertiges Öl und Benzin zuführen, damit er rund und kraftvoll läuft.

Doch Manifestation bedeutet nicht nur, materielle Dinge in unser Leben zu ziehen. Es bezieht sich auch auf die Art und Weise, wie wir unsere Realität durch unsere Gedanken und Emotionen formen. Wenn wir uns bewusst sind, wie wir unsere Realität gestalten, können wir gezielt an unserem Selbstwertgefühl arbeiten. Lass uns das an einem Beispiel veranschaulichen.

Begegnen wir zunächst Anna, einer Frau mit großen Träumen, die dennoch das Gefühl hatte, auf der Stelle zu treten. Anna sehnte sich nach einem erfüllten Leben, voller Liebe, Erfolg und Glück. Doch egal wie sehr sie sich bemühte, schien sie sich stets im Kreis zu drehen, gefangen in einem Teufelskreis aus Selbstzweifeln und negativen Gedanken.

Es brauchte Zeit und Selbsterkenntnis, bis Anna den Schlüssel zu ihrem Glück erkannte - nicht im Äußeren, sondern in ihrem Inneren. Sie realisierte, dass ihr Selbstwertgefühl der Grundstein für all ihre Träume war. Und so begann sie, beharrlich an sich selbst zu arbeiten. Sie übte sich in Selbstliebe, wiederholte täglich positive Affirmationen und ließ alte, einschränkende Glaubenssätze hinter sich.

Langsam aber sicher begann sich Annas Leben zu verändern. Mit jedem Schritt, den sie auf ihrem persönlichen Wachstumspfad voranschritt, fühlte sie sich stärker, selbstbewusster und lebendiger. Diese Veränderung spiegelte sich auch im Außen wider. Anna zog plötzlich positive Menschen und Situationen an, die sie unterstützten und ihr halfen, ihre Ziele zu erreichen.

Die Verbindung zwischen Manifestation und Selbstwertgefühl ist wie ein unsichtbares Band, das uns mit unserer inneren Kraft verbindet. Wenn wir an uns glauben und uns selbst wertschätzen, senden wir eine kraftvolle Energie in das Universum aus, die uns mit positiven Erfahrungen und Gelegenheiten belohnt. Diese positiven Erfahrungen stärken wiederum unser Selbstwertgefühl und bestärken uns in unserem Glauben an uns selbst.

Es ist ein sich ständig wiederholender Zyklus, der uns dazu ermutigt, unsere Träume zu manifestieren und unser volles Potenzial zu entfalten. Also, erkenne die Kraft deines Selbstwertgefühls und nähre sie mit Liebe und Anerkennung. Denn wenn du an dich glaubst und dich selbst liebst, stehen dir alle Türen offen, um dein Leben nach deinen Vorstellungen zu gestalten.

Verwende diese Erkenntnisse, um dein Selbstwertgefühl zu stärken und bewusst positive Veränderungen in deinem Leben herbeizuführen. Du bist der Architekt deiner eigenen Realität. Glaube an dich, und du wirst erstaunt sein, wie kraftvoll du manifestieren kannst.

"Ein bisschen Besser als gestern, ist mehr als genug für heute."

Selbstbewusstsein - Der Schlüssel zu deinem wahren Ich

Selbstbewusstsein ist eine der mächtigsten Eigenschaften, die du entwickeln kannst. Es ist der Schlüssel zu deinem wahren Ich, der dich befähigt, deine Träume zu verfolgen, deine Ziele zu erreichen und dein Leben nach deinen eigenen Vorstellungen zu gestalten.

Stell dir vor, du stehst auf einer Bühne, im Scheinwerferlicht. Das Publikum wartet gespannt auf deine Worte. Dein Herz schlägt schneller, aber du weißt tief in deinem Inneren, dass du das schaffen kannst. Diese innere Gewissheit, dieser Glaube an dich selbst – das ist Selbstbewusstsein.

Selbstbewusstsein bedeutet, sich seiner eigenen Fähigkeiten, Stärken und Werte bewusst zu sein und diese positiv zu akzeptieren. Es geht darum, sich selbst zu vertrauen und an sich zu glauben, auch wenn Herausforderungen und Unsicherheiten auftauchen. Ein starkes Selbstbewusstsein hilft dir, mutig Entscheidungen zu treffen, für dich selbst einzustehen und deine Ziele mit Entschlossenheit zu verfolgen.

Selbstbewusstsein entwickelt sich nicht über Nacht. Es ist das Ergebnis von Selbstreflexion, Erfahrung und dem Mut, immer wieder neue Herausforderungen anzunehmen. Denk an all die Momente in deinem Leben, in denen du etwas Neues ausprobiert und dabei gelernt hast, dass du mehr kannst, als du dir selbst zugetraut hast. Jeder dieser Momente hat dein Selbstbewusstsein gestärkt.

Der erste Schritt zur Stärkung deines Selbstbewusstseins ist die Selbsterkenntnis. Nimm dir Zeit, um über deine Stärken, Schwächen, Werte und Überzeugungen nachzudenken. Was sind deine einzigartigen Fähigkeiten? Welche Erfahrungen haben dich geprägt? Indem du dir dieser Aspekte bewusst wirst, legst du den Grundstein für ein starkes Selbstbewusstsein.

Achte auf deine innere Stimme. Oft sind wir unsere härtesten Kritiker. Beginne, dich selbst positiv zu bestärken. Ersetze negative Gedanken durch positive Affirmationen. Statt zu denken „Ich kann das nicht", sag dir „Ich habe die Fähigkeit, das zu lernen und erfolgreich zu sein." Kleine, erreichbare Ziele sind ein hervorragendes Mittel, um dein Selbstbewusstsein zu stärken. Jedes Mal, wenn du ein Ziel erreichst, wächst dein Vertrauen in deine Fähigkeiten. Diese Erfolge, so klein sie auch sein mögen, bauen dein Selbstbewusstsein Stück für Stück auf.

Oft neigen wir dazu, unsere Erfolge als selbstverständlich anzusehen. Nimm dir Zeit, deine Erfolge zu feiern, egal wie klein sie sind. Jeder Erfolg ist ein Schritt auf deinem Weg und verdient Anerkennung. Rückschläge sind ein natürlicher Teil des Lebens. Sie bieten wertvolle Lernmöglichkeiten. Anstatt dich von ihnen entmutigen zu lassen, frage dich, was du aus ihnen lernen kannst und wie sie dich stärker machen können.

Die Menschen, mit denen du dich umgibst, haben einen großen Einfluss auf dein Selbstbewusstsein. Du kennst bestimmt den Spruch: "Du bist der Durchschnitt der 5 Menschen, mit denen du die meiste Zeit verbringst". Er ist leider wahr. Suche die deshalb Gesellschaft von Menschen, die dich unterstützen, inspirieren und bestärken. Positive Energie ist ansteckend und kann dir helfen, dein Selbstbewusstsein zu stärken.

Selbstbewusstsein ist nicht nur etwas, das du fühlst, sondern auch etwas, das du in deinem Verhalten zeigst. Gehe mit aufrechtem Gang, schaue den Menschen in die Augen und sprich mit klarer, fester Stimme. Diese körperlichen Signale beeinflussen nicht nur, wie andere dich wahrnehmen, sondern auch, wie du dich selbst fühlst.

Erlaube dir, authentisch zu sein. Sei du selbst, mit all deinen Stärken und Schwächen. Menschen respektieren und schätzen Authentizität. Wenn du dich selbst akzeptierst und deine Einzigartigkeit lebst, wirst du feststellen, dass dein Selbstbewusstsein wächst und du dich wohler in deiner Haut fühlst.

Selbstbewusstsein ist ein lebenslanger Prozess. Es erfordert kontinuierliche Arbeit und Selbstreflexion, aber die Belohnungen sind es wert. Mit einem starken Selbstbewusstsein kannst du dein Leben nach deinen eigenen Vorstellungen gestalten, Herausforderungen mutig meistern und deine Träume verwirklichen.

Also, mach dich auf den Weg, dein Selbstbewusstsein zu stärken. Glaube an dich selbst, vertraue auf deine Fähigkeiten und feiere jeden Schritt, den du machst. Du hast die Kraft, alles zu erreichen, was du dir vornimmst. Dein wahres Ich wartet darauf, von dir entdeckt und gelebt zu werden. Lebe dein bestes Leben mit Selbstbewusstsein und Stolz.

Selbstliebe – Der Weg zu innerem Frieden und Erfüllung

Selbstliebe ist die Basis für ein glückliches und erfülltes Leben. Sie ist die Voraussetzung dafür, dass wir uns selbst akzeptieren, mit all unseren Stärken und Schwächen, und uns selbst die Liebe und Fürsorge geben, die wir verdienen. In diesem Kapitel möchte ich dich auf eine Reise zur Selbstliebe mitnehmen und dir zeigen, wie du durch die Kraft der Selbstannahme und -wertschätzung inneren Frieden und Erfüllung finden kannst.

Stell dir vor, du bist der Protagonist deines eigenen Lebensfilms. Du erlebst Höhen und Tiefen, triffst Entscheidungen und gehst deinen Weg. Doch wie oft nimmst du dir wirklich Zeit, um dich selbst zu feiern, dir selbst zu danken und dir zu sagen, wie wertvoll du bist? Selbstliebe beginnt mit der Erkenntnis, dass du, genau so wie du bist, liebenswert und wertvoll bist.

Selbstliebe bedeutet, sich selbst bedingungslos zu akzeptieren. Es geht darum, sich selbst so anzunehmen, wie man ist, ohne sich ständig zu kritisieren oder zu verurteilen. Jeder von uns hat Fehler und Schwächen, aber es sind gerade diese Unvollkommenheiten, die uns menschlich machen.

Erlaube dir, deine Schwächen anzuerkennen und zu akzeptieren, ohne sie zu verstecken oder dich dafür zu schämen. Sie sind ein Teil von dir, und sie machen dich einzigartig.

Achte darauf, dass du dir selbst regelmäßig Zeit und Aufmerksamkeit schenkst. In unserem hektischen Alltag vergessen wir oft, uns selbst Gutes zu tun. Nimm dir bewusst Zeit für Dinge, die dir Freude bereiten und dich entspannen. Ob es ein Spaziergang in der Natur, ein gutes Buch oder ein warmes Bad ist – gönn dir diese Momente der Selbstfürsorge. Sie sind nicht nur ein Zeichen der Selbstliebe, sondern auch wichtig für dein Wohlbefinden.

Setze gesunde Grenzen. Selbstliebe bedeutet auch, dass du lernst, Nein zu sagen, wenn etwas nicht gut für dich ist. Respektiere deine eigenen Bedürfnisse und Gefühle und erlaube dir, sie klar zu kommunizieren. Es ist in Ordnung, sich selbst an erste Stelle zu setzen und Entscheidungen zu treffen, die deinem Wohlbefinden dienen. Du bist es wert, respektiert und geschätzt zu werden.

Vergib dir selbst. Jeder von uns hat in der Vergangenheit Fehler gemacht oder Entscheidungen getroffen, die wir im Nachhinein bereuen. Doch Selbstliebe bedeutet auch, sich selbst zu vergeben und sich von der Last der Vergangenheit zu befreien.

Erinnere dich daran, dass du immer dein Bestes gibst, und erlaube dir, aus der Vergangenheit zu lernen, ohne dich dafür zu verurteilen.

Praktiziere Dankbarkeit. Selbstliebe wächst, wenn wir uns bewusst auf die positiven Aspekte unseres Lebens konzentrieren. Führe ein Dankbarkeitstagebuch und schreibe jeden Tag auf, wofür du dankbar bist. Diese einfache Praxis kann dir helfen, deine Perspektive zu verändern und mehr Freude und Zufriedenheit in deinem Leben zu finden.

Umgebe dich mit positiven Menschen. Die Menschen, mit denen du dich umgibst, haben einen großen Einfluss auf dein Selbstbild. Suche die Gesellschaft von Menschen, die dich unterstützen, ermutigen und lieben. Ihre positive Energie kann dir helfen, deine eigene Selbstliebe zu stärken und dich in deinem Wachstum zu unterstützen.

Selbstliebe ist ein lebenslanger Prozess. Es erfordert kontinuierliche Aufmerksamkeit und Pflege, aber die Belohnungen sind es wert. Mit Selbstliebe kannst du ein Leben voller innerem Frieden und Erfüllung führen. Du wirst in der Lage sein, authentische und liebevolle Beziehungen zu anderen aufzubauen, weil du dich selbst liebst und wertschätzt.

Kapitel 10: Beziehung zwischen Manifestation und Spiritualität

Die Verbindung zwischen Manifestation und Spiritualität liegt in der tiefen Erkenntnis, dass wir die Schöpfer unseres eigenen Schicksals sind. Viele spirituelle Traditionen lehren genau das: Wir sind alle Schöpfer unserer Realität. Ob durch das Gesetz der Anziehung, Karma oder schlichtweg durch positives Denken – die Botschaft bleibt dieselbe: Wir besitzen die Macht, unser Leben aktiv zu gestalten.

In dieser faszinierenden Beziehung zwischen Manifestation und Spiritualität erkennen wir die tiefe Verbundenheit zwischen unserem individuellen Selbst und dem größeren Ganzen.

Wir verstehen, dass wir Teil eines universellen Plans sind und dass unsere Träume und Absichten im Einklang mit dem göttlichen Willen stehen können.

Spiritualität ist ein weites Feld, das sich mit der Suche nach einem tieferen Sinn und Zweck im Leben beschäftigt. Viele Menschen sehen Spiritualität als einen Weg, sich mit etwas Größerem zu verbinden – sei es das Universum, die Natur oder eine höhere Macht. Manifestation dient hier als Werkzeug, um diese Verbindung zu stärken und positive Veränderungen in unserem Leben herbeizuführen. Doch wie genau hängen Manifestation und Spiritualität zusammen?

Die Beziehung zwischen Manifestation und Spiritualität basiert auf der Überzeugung, dass unsere Gedanken und Emotionen eine energetische Schwingung erzeugen, die unsere Realität formt. Wenn wir positive Gedanken und Emotionen kultivieren, ziehen wir positive Ereignisse und Erfahrungen in unser Leben. Dieser Glaube ist tief in vielen spirituellen Traditionen verwurzelt und wird in verschiedenen Formen von Meditation, Gebet und Visualisierung praktiziert.

Ein wesentlicher Aspekt der Manifestation in der Spiritualität ist die Verantwortung, die damit einhergeht.

Es geht nicht nur darum, sich positive Dinge zu wünschen und darauf zu hoffen, dass sie eintreten. Vielmehr geht es darum, aktiv an unserer eigenen Energie zu arbeiten und bewusst positive Gedanken und Emotionen zu pflegen. Dies erfordert Selbstreflexion, Achtsamkeit und die Bereitschaft, alte Denkmuster und Überzeugungen loszulassen, die uns daran hindern, das zu manifestieren, was wir uns wünschen.

Ein weiteres bedeutendes Element ist die Ausrichtung auf das höhere Selbst oder das universelle Bewusstsein. Viele spirituelle Praktiken betonen die Bedeutung, sich mit seiner inneren Weisheit zu verbinden und im Einklang mit dem größeren Ganzen zu handeln. Wenn wir uns auf diese Weise ausrichten, verstärken wir unsere Manifestationskraft und handeln im Einklang mit unserem wahren Zweck und unserer Bestimmung.

Stell dir vor, du bist wie ein Musiker in einem großen Orchester. Dein Instrument ist deine Gedanken und Emotionen, die du spielst, um eine harmonische Symphonie zu kreieren. Wenn du in Harmonie mit dem Orchester spielst, erzeugst du eine wunderschöne Melodie. Ebenso kannst du durch bewusstes Denken und Fühlen eine Realität schaffen, die im Einklang mit dem Universum steht.

Es ist jedoch wichtig zu betonen, dass Manifestation in der Spiritualität nicht als Selbstzweck betrachtet werden sollte. Es geht nicht nur darum, materiellen Wohlstand oder äußeren Erfolg zu erlangen. Vielmehr geht es darum, im Einklang mit unserer wahren Natur zu leben und unser volles Potenzial zu entfalten. Dies kann sich in verschiedenen Formen zeigen, sei es in Form von innerem Frieden, erfüllenden Beziehungen oder dem Gefühl, einen wertvollen Beitrag zur Welt zu leisten.

Durch das bewusste Praktizieren von Manifestation in deinem spirituellen Weg kannst du eine tiefe Verbindung zu deinem höheren Selbst und zum Universum herstellen. Diese Verbindung stärkt dein Vertrauen in den Prozess und hilft dir, deine Ziele und Träume im Einklang mit deiner wahren Natur zu manifestieren.

Erkenne die Macht, die du in dir trägst, und nutze sie, um ein Leben zu schaffen, das im Einklang mit deiner höchsten Wahrheit steht. Du bist der Schöpfer deines Schicksals, und durch die Verbindung von Manifestation und Spiritualität kannst du ein Leben voller Sinn, Erfüllung und innerem Frieden manifestieren.

Kapitel 11: Manifestation in der Partnerschaft und in Beziehungen

Wer von uns wünscht sich nicht den perfekten oder sagen wir mal passenden Partner fürs Leben? Eine Beziehung, die erfüllt und glücklich macht. Einen Partner mit dem wir durch dick und dünn gehen können, mit dem wir wundervolle Erinnerungen schaffen und teilen können. Doch das ist oft leichter gesagt als getan. Manchmal fühlt es sich an, als würden wir einfach nicht den Richtigen finden oder als würden wir immer wieder in die gleichen Beziehungsmuster geraten.

Hier kommt das Gesetz der Anziehung ins Spiel. Es besagt, dass unsere Gedanken und Gefühle unsere Realität beeinflussen.

Das bedeutet, dass das, worauf wir unsere Aufmerksamkeit richten, auch in unser Leben ziehen.

Wenn wir uns also ständig Sorgen machen, dass wir nie den passenden Partner finden werden, senden wir diese negative Energie aus und ziehen genau das an – nämlich keine erfüllte Beziehung. Umgekehrt bedeutet das aber auch, dass wenn wir positive Gedanken und Gefühle aussenden, wir auch Positives in unser Leben ziehen können.

Das klingt ja alles schön und gut, aber wie setzen wir das in der Realität um? Nun, das fängt damit an, dass wir uns bewusst machen, welche Gedanken und Gefühle wir aussenden. Wenn wir uns immer wieder sagen: „Ich werde nie den Richtigen finden" oder „Alle guten Männer/Frauen sind schon vergeben", dann ist es kein Wunder, dass sich diese Überzeugungen in unserem Leben manifestieren.

Stattdessen sollten wir versuchen, positive Affirmationen zu nutzen, um unsere Gedanken in eine positive Richtung zu lenken. Sätze wie „Ich bin bereit für eine erfüllte Beziehung" oder „Der perfekte Partner für mich ist bereits auf dem Weg zu mir" können dabei helfen, unsere Energie zu verändern und somit auch das anzuziehen, was wir uns wünschen.

Aber das Gesetz der Anziehung funktioniert nicht nur auf der mentalen Ebene. Es geht auch darum, aktiv zu werden und die Dinge in Bewegung zu setzen. Das bedeutet, dass wir uns auch selbst reflektieren und herausfinden sollten, was wir wirklich von einer Beziehung erwarten und was wir bereit sind, dafür zu tun.

Vielleicht müssen wir alte Verletzungen heilen oder uns von alten Mustern lösen, die uns immer wieder in unerfüllte Beziehungen führen. Oder vielleicht müssen wir auch einfach mal aus unserer Komfortzone herauskommen und neue Wege gehen, um potenzielle Partner kennenzulernen. Es ist wichtig, dass wir aktiv an uns arbeiten und uns selbst die Liebe und Aufmerksamkeit schenken, die wir uns auch von einem Partner wünschen. Denn nur wenn wir in unserer eigenen Mitte sind und uns selbst lieben, können wir auch eine erfüllte Beziehung führen.

Lass uns die Geschichte von Lisa betrachten. Lisa sehnte sich nach einer erfüllten Beziehung, aber ihre Vergangenheit war von Enttäuschungen und Herzschmerz geprägt. Sie hatte sich angewöhnt zu denken, dass alle guten Männer bereits vergeben sind und sie niemals die Liebe finden würde, die sie sich wünschte. Diese negativen Glaubenssätze blockierten ihre Energie und hinderten sie daran, den Partner anzuziehen, den sie sich wünschte.

Eines Tages beschloss Lisa, dass es genug war. Sie stolperte im Internet über Manifestation. Sie begann, an ihrem Selbstwertgefühl zu arbeiten, und setzte positive Affirmationen in ihrem Alltag ein. Sie sagte sich jeden Morgen: „Ich bin bereit für eine liebevolle und erfüllte Beziehung." Gleichzeitig begann sie, alte Wunden zu heilen und sich auf das zu konzentrieren, was sie wirklich von einem Partner wollte.

Lisa trat aus ihrer Komfortzone heraus und begann, neue Menschen zu treffen. Sie nahm an sozialen Veranstaltungen teil, die sie interessierten, und lernte dabei viele neue Leute kennen. Mit der Zeit bemerkte Lisa, dass sie positiver und offener wurde. Sie begann, das Leben mehr zu genießen und fühlte sich erfüllt, auch ohne Partner.

Und dann geschah es – ganz unerwartet traf sie jemanden, der alle ihre Wünsche und Vorstellungen übertraf. Durch ihre Arbeit an sich selbst und ihre positive Einstellung hatte Lisa nicht nur einen Partner gefunden, sondern auch eine tief erfüllende Beziehung, die auf gegenseitigem Respekt und Liebe basierte.

Die Geschichte von Lisa zeigt uns, wie kraftvoll die Verbindung zwischen Manifestation und Selbstliebe ist. Indem wir unsere Gedanken und Gefühle bewusst lenken und aktiv an uns arbeiten, können wir die Tür für eine erfüllte Beziehung öffnen.

Also lasst uns positive Energie aussenden und offen sein für das Gute, das auf uns zukommt. Denn wer weiß, vielleicht ist der perfekte Partner schon viel näher, als wir denken.

Kapitel 12: finanzielle Manifestation - Dein Weg zu Wohlstand und Fülle

Finanzielle Manifestation ist im Grunde genommen die Kunst, seine finanzielle Realität bewusst zu gestalten. Es geht darum, sich seiner eigenen Gedanken, Glaubenssätze und Emotionen in Bezug auf Geld bewusst zu werden und diese gezielt zu lenken, um positive Veränderungen in seinem finanziellen Leben herbeizuführen.

Aber wie genau funktioniert das? Ganz einfach gesagt, geht es darum, eine positive Einstellung zum Geld zu entwickeln und diese in seinem Unterbewusstsein zu verankern.

Denn unser Unterbewusstsein steuert einen Großteil unseres Handelns und Denkens, auch in finanziellen Belangen.

Ein erster Schritt in Richtung finanzieller Manifestation könnte also sein, sich seiner eigenen Glaubenssätze in Bezug auf Geld bewusst zu werden. Glaubst du beispielsweise, dass Geld etwas Schlechtes ist oder dass es schwer ist, viel Geld zu verdienen? Solche negativen Glaubenssätze können sich unbewusst auf unser Handeln auswirken und uns daran hindern, finanziellen Erfolg zu haben.

Indem du dir dieser Glaubenssätze bewusst wirst, kannst du beginnen, sie zu verändern. Statt zu denken „Geld ist schlecht", könntest du anfangen, Geld als etwas Positives und Bereicherndes zu betrachten. Statt zu denken „Es ist schwer, viel Geld zu verdienen", könntest du dir vorstellen, wie es sich anfühlt, finanziell erfolgreich zu sein, und dich darauf fokussieren.

Ein weiterer wichtiger Aspekt der finanziellen Manifestation ist die Visualisierung. Indem du dir regelmäßig vorstellst, wie dein finanzielles Leben aussieht, wenn du bereits all das erreicht hast, was du dir wünschst, kannst du dein Unterbewusstsein positiv beeinflussen. Du programmierst sozusagen dein Gehirn darauf, diese Realität anzuziehen und manifestieren zu können.

Doch finanzielle Manifestation ist nicht nur „positives Denken" und Visualisierung. Es erfordert auch Handeln. Du kannst nicht einfach auf dem Sofa sitzen und darauf warten, dass das Geld plötzlich in Strömen zu dir fließt. Du musst auch aktiv werden und die nötigen Schritte unternehmen, um deine Ziele zu erreichen.

Das bedeutet zum Beispiel, sich finanziell weiterzubilden, klare Ziele zu setzen und konkrete Pläne zu entwickeln, wie man diese Ziele erreichen kann. Es bedeutet auch, sich von alten Denkmustern und Gewohnheiten zu verabschieden, die einem bisher im Weg standen, und neue Wege zu gehen.

Ein wichtiger Punkt ist dabei auch die Dankbarkeit. Indem du dir regelmäßig bewusst machst, wofür du bereits dankbar bist in deinem finanziellen Leben, ziehst du automatisch mehr Fülle und Wohlstand an. Dankbarkeit ist sozusagen der Schlüssel zur Fülle. Stell dir vor, dass du ein Magnet bist: Je mehr du Dankbarkeit und positive Energie aussendest, desto mehr Wohlstand ziehst du an.

Natürlich ist finanzielle Manifestation kein Selbstläufer und es braucht Zeit, Geduld und Übung, um diese Prinzipien wirklich in dein Leben zu integrieren. Aber die Ergebnisse können durchaus beeindruckend sein.

Viele Menschen berichten davon, dass sich ihr finanzielles Leben positiv verändert hat, nachdem sie begonnen haben, sich mit dem Thema der finanziellen Manifestation auseinanderzusetzen.

Es geht also darum, deine Gedanken und Gefühle in Bezug auf Geld bewusst zu lenken, positive Glaubenssätze zu etablieren, zu visualisieren, aktiv zu werden und dankbar zu sein. Wenn du all das in dein Leben integrierst, kannst du tatsächlich eine Veränderung in deinem finanziellen Leben herbeiführen.

Ich persönlich finde das Thema der finanziellen Manifestation sehr spannend und habe selbst schon positive Erfahrungen damit gemacht. Es ist faszinierend zu sehen, wie sich die eigenen Gedanken und Einstellungen tatsächlich auf die Realität auswirken können. Damals stand ich vor dem Finanziellen Ruin und heute lebe ich in Fülle.

Also, wenn du dich auch für das Thema interessierst, kann ich dir nur empfehlen, dich damit näher zu beschäftigen. Es lohnt sich auf jeden Fall, deine Einstellung zum Geld zu überdenken und bewusst zu gestalten.

Kapitel 13: Das Unterbewusstsein, Der Wächter deiner Gewohnheiten

Stell dir vor, du bist der Kapitän eines mächtigen Schiffes, das durch die stürmischen Gewässer des Lebens navigiert. Dein Bewusstsein ist der Steuermann, der sich auf den Horizont konzentriert, während dein Unterbewusstsein tief unter Deck die unsichtbaren Maschinen betreibt, die das Schiff in Bewegung halten. Dieser geheime Maschinist ist der wahre Wächter deiner Gewohnheiten, der stille Dirigent deines Lebens, der deine Entscheidungen und Handlungen mehr beeinflusst, als du dir jemals vorstellen könntest. Ja, genau das geheimnisvolle, unsichtbare Kraftwerk, das hinter den Kulissen die Fäden zieht.

Dein Unterbewusstsein ist der Wächter deiner Gewohnheiten und spielt eine zentrale Rolle dabei, wie du denkst, fühlst und handelst. Lass uns eintauchen und entdecken, wie dieses mächtige Werkzeug funktioniert und wie du es zu deinem Vorteil nutzen kannst!

Stell dir dein Unterbewusstsein als riesige Datenbank vor, in der alle deine Erfahrungen, Erinnerungen und Überzeugungen gespeichert sind. Es ist wie ein Supercomputer, der ständig läuft und deine Entscheidungen und Reaktionen beeinflusst – oft ohne dass du es merkst. Wenn du morgens automatisch zur Kaffeemaschine gehst, ohne darüber nachzudenken, oder wenn du dich in einer bestimmten Situation immer gleich verhältst, dann ist das dein Unterbewusstsein am Werk.

Doch das Unterbewusstsein ist nicht nur der Ort, an dem deine Gewohnheiten gespeichert sind, es ist auch unglaublich mächtig, weil es etwa 95% deines täglichen Verhaltens steuert. Ja, richtig gehört! Während du vielleicht denkst, dass du die meiste Zeit bewusst Entscheidungen triffst, ist es in Wirklichkeit dein Unterbewusstsein, das die Show leitet. Es ist der Wächter, der sicherstellt, dass du in deinen vertrauten Bahnen bleibst – und genau hier liegt sowohl das Problem als auch die Chance.

Das Unterbewusstsein wirkt wie ein Autopilot. Es steuert dich durch vertraute Muster und Verhaltensweisen, ohne dass du viel darüber nachdenken musst. Diese Automatismen sind praktisch, weil sie dir helfen, alltägliche Aufgaben effizient zu erledigen. Stell dir vor, du müsstest jedes Mal bewusst darüber nachdenken, wie man Auto fährt oder wie man eine Zahnbürste benutzt. Dein Gehirn wäre ständig überlastet! Stattdessen übernehmen diese tief verwurzelten Gewohnheiten die Kontrolle und erlauben deinem bewussten Verstand, sich auf wichtigere Dinge zu konzentrieren.

Aber was passiert, wenn diese tief verwurzelten Gewohnheiten und Überzeugungen nicht zu deinem Vorteil arbeiten? Was, wenn sie dich zurückhalten und dich daran hindern, dein volles Potenzial zu entfalten? Hier kommt das eigentliche Potenzial der Arbeit mit dem Unterbewusstsein ins Spiel. Denn genau wie es schlechte Gewohnheiten speichert, kann es auch neue, positive Gewohnheiten und Überzeugungen aufnehmen.

Kapitel 14: Das Glück ist kein Ziel, sondern eine Entscheidung

Es gibt eine tiefgründige Wahrheit, die unser Leben verändern kann: Glück ist kein fernes Ziel, das wir irgendwann erreichen werden, sondern eine Entscheidung, die wir jeden Tag treffen. Dieses Kapitel widmet sich der Idee, dass wahres Glück in unserer Kontrolle liegt und wie wir es bewusst in unser Leben einladen können.

Stell dir vor, du wachst eines Morgens auf und beschließt, dass heute ein glücklicher Tag sein wird, unabhängig von den äußeren Umständen. Du betrittst die Welt mit einem Lächeln auf den Lippen und einer positiven Einstellung im Herzen.

Diese Entscheidung, glücklich zu sein, ist eine der mächtigsten, die du treffen kannst. Es ist eine Wahl, die dir die Kontrolle über dein Leben zurückgibt und dir ermöglicht, die Herausforderungen des Alltags mit Leichtigkeit und Freude zu meistern.

Glück beginnt mit der Entscheidung, es zu sein. Diese Entscheidung ist nicht abhängig von äußeren Bedingungen oder Umständen. Sie basiert auf der inneren Überzeugung, dass du es wert bist, glücklich zu sein, und dass du die Fähigkeit hast, dein Leben in eine positive Richtung zu lenken. Diese Einstellung ist der Schlüssel, der die Tür zu einem erfüllten Leben öffnet.

Stell dir dein Leben wie ein Gemälde vor, das du selbst malst. Jeder Tag ist eine leere Leinwand, und du hast die Freiheit, sie mit den Farben und Mustern deiner Wahl zu gestalten. Die Entscheidung, glücklich zu sein, ist wie das Auswählen der leuchtendsten und schönsten Farben in deiner Palette. Du bestimmst, welche Farben und Formen dein Bild prägen, und du hast die Macht, es jederzeit zu ändern oder neu zu gestalten.

Dankbarkeit ist ein mächtiges Werkzeug, das dir hilft, Glück in dein Leben zu ziehen. Beginne jeden Tag damit, dir bewusst zu machen, wofür du dankbar bist.

Das kann etwas Kleines sein, wie eine Tasse heißen Kaffees am Morgen, oder etwas Großes, wie die Liebe und Unterstützung deiner Familie. Indem du dich auf das konzentrierst, was du hast, anstatt auf das, was dir fehlt, veränderst du deine Perspektive und öffnest dein Herz für Glück.

Ein weiterer wichtiger Schritt auf dem Weg zum Glück ist die Akzeptanz. Es gibt Dinge im Leben, die außerhalb unserer Kontrolle liegen. Indem du lernst, diese Dinge zu akzeptieren, anstatt gegen sie anzukämpfen, findest du inneren Frieden. Akzeptanz bedeutet nicht, dass du aufgibst oder dich mit weniger zufrieden gibst. Es bedeutet, dass du deine Energie auf das lenkst, was du ändern kannst, und loslässt, was du nicht ändern kannst.

Unsere Gedanken haben einen enormen Einfluss auf unser Glück. Negative Gedanken können uns in einem Kreislauf von Unglück und Unzufriedenheit gefangen halten. Aber die gute Nachricht ist, dass wir die Macht haben, unsere Gedanken zu ändern. Entwickle eine positive Denkweise, indem du dich bewusst auf das Gute in deinem Leben konzentrierst und negative Gedanken hinterfragst. Erinnere dich daran, dass du die Kontrolle über deine Gedanken hast und dass du dich jederzeit entscheiden kannst, positiv zu denken.

Glück wird oft durch die Beziehungen in unserem Leben beeinflusst. Umgebe dich mit Menschen, die dich unterstützen, inspirieren und lieben. Pflege diese Beziehungen, indem du Zeit und Energie in sie investierst. Sei präsent, höre zu und zeige deine Wertschätzung. Gesunde Beziehungen bereichern dein Leben und tragen wesentlich zu deinem Glück bei.

Selbstliebe und Selbstfürsorge sind entscheidende Aspekte des Glücks. Sei freundlich und nachsichtig mit dir selbst. Erlaube dir, Fehler zu machen und daraus zu lernen, anstatt dich selbst zu verurteilen. Gönne dir Pausen und tue Dinge, die dir Freude bereiten. Indem du gut zu dir selbst bist, schaffst du eine Grundlage für langfristiges Glück.

Glück kommt oft, wenn wir das tun, was wir lieben. Finde heraus, was deine Leidenschaften sind, und integriere sie in dein Leben. Das kann ein Hobby, eine kreative Tätigkeit oder ein Beruf sein. Wenn du deine Leidenschaften lebst, fühlst du dich erfüllt und glücklich.
Eine der größten Quellen des Glücks ist die Fähigkeit, im gegenwärtigen Moment zu leben. Oft lassen wir uns von Sorgen über die Zukunft oder Reue über die Vergangenheit ablenken. Indem du lernst, im Hier und Jetzt zu leben, kannst du die Schönheit und Freude des gegenwärtigen Augenblicks voll und ganz genießen.

Übe Achtsamkeit, indem du dich auf deine Sinne konzentrierst – was du siehst, hörst, riechst, schmeckst und fühlst. Diese Praxis hilft dir, im Moment präsent zu sein und das Leben intensiver zu erleben.

Glück ist kein entferntes Ziel, das wir eines Tages erreichen werden, sondern eine Entscheidung, die wir jeden Tag treffen können. Es liegt in unserer Macht, unser Leben mit Freude und Zufriedenheit zu füllen, indem wir unsere Gedanken, unsere Handlungen und unsere Einstellungen bewusst gestalten. Indem du dich jeden Tag entscheidest, glücklich zu sein, schaffst du eine Realität, die voller Möglichkeiten, Liebe und Erfüllung ist.

Also, dass Glück eine Entscheidung ist, die du jeden Morgen treffen kannst. Wähle das Glück, kultiviere Dankbarkeit, pflege deine Beziehungen und sei freundlich zu dir selbst. Du hast die Macht, dein Leben in eine wunderbare und glückliche Reise zu verwandeln. Und bedenke, wir haben nur eine begrenzte Zeit auf diesem Planeten. Nutze sie Achtsam und sei glücklich.

Kapitel 15: Meditationsübungen

Meditation ist ein unglaublich kraftvolles Werkzeug, das dir hilft, deinen Geist zu beruhigen, Klarheit zu finden und deine innere Stärke zu entwickeln. Sie ist eine Schlüsseltechnik auf deinem Weg zur Manifestation, da sie dir ermöglicht, dich mit deinem inneren Selbst und den universellen Energien zu verbinden.

In diesem Kapitel möchte ich dir verschiedene Meditationsübungen vorstellen, die dir helfen werden, dein volles Potenzial auszuschöpfen.

Die Grundlagen der Meditation

Bevor wir in die verschiedenen Meditationsübungen eintauchen, lass uns kurz die Grundlagen betrachten. Meditation ist die Praxis, bei der du deinen Geist zur Ruhe bringst und deine Aufmerksamkeit nach innen lenkst. Es gibt viele verschiedene Methoden, aber das Ziel ist immer, einen Zustand tiefer Entspannung und innerer Klarheit zu erreichen. Finde einen ruhigen, bequemen Ort, an dem du ungestört bist, und widme dieser Praxis regelmäßig Zeit, um die besten Ergebnisse zu erzielen.

Meditation ist eine Praxis, die dich in Kontakt mit deinem inneren Selbst bringt und dir hilft, deine Gedanken zu klären und zu fokussieren. Durch regelmäßige Meditationsübungen kannst du nicht nur Stress abbauen und innere Ruhe finden, sondern auch deine Fähigkeit zur Manifestation stärken. Probiere verschiedene Techniken aus und finde heraus, welche für dich am besten funktioniert. Denke daran, dass der Schlüssel zur Meditation in der Regelmäßigkeit liegt. Je öfter du übst, desto tiefer wirst du in die Erfahrung eintauchen und desto größer wird der Nutzen sein.

Atemmeditation

Eine der einfachsten und dennoch effektivsten Formen der Meditation ist die Atemmeditation. Diese Übung hilft dir, im gegenwärtigen Moment zu bleiben und innere Ruhe zu finden.

Schritte zur Atemmeditation:

1. Finde einen ruhigen Ort: Setze dich bequem auf einen Stuhl oder auf den Boden. Achte darauf, dass dein Rücken gerade ist, aber nicht angespannt.
2. Schließe die Augen: Konzentriere dich darauf, deinen Körper zu entspannen.
3. Atme tief ein: Atme durch die Nase ein und zähle bis vier. Spüre, wie sich deine Lungen mit Luft füllen.
4. Halte den Atem: Halte den Atem für vier Sekunden an.
5. Atme langsam aus: Atme durch den Mund aus und zähle dabei bis sechs. Spüre, wie sich dein Körper entspannt.
6. Wiederhole den Vorgang: Konzentriere dich nur auf deinen Atem. Wenn Gedanken aufkommen, nimm sie wahr, aber lasse sie vorbeiziehen wie Wolken am Himmel. Kehre immer wieder sanft zu deinem Atem zurück.

Visualisierungsmeditation

Die Visualisierungsmeditation ist besonders kraftvoll, wenn du daran arbeitest, deine Ziele zu manifestieren. Diese Praxis hilft dir, eine klare Vision zu entwickeln und dein Unterbewusstsein auf Erfolg zu programmieren.

Schritte zur Visualisierungsmeditation:
1. Setze dich bequem hin: Wähle einen ruhigen Ort, an dem du dich wohlfühlst.
2. Schließe die Augen: Atme tief ein und aus, um dich zu entspannen.
3. Stelle dir dein Ziel vor: Visualisiere, wie du dein Ziel bereits erreicht hast. Stelle dir die Szene so lebendig wie möglich vor.
4. Nutze alle Sinne: Visualisiere nicht nur das Bild, sondern spüre die Emotionen, höre die Geräusche und rieche die Düfte, die mit deinem Erfolg verbunden sind.
5. Verweile in der Visualisierung: Bleibe mindestens fünf bis zehn Minuten in dieser Vorstellung. Je lebendiger deine Vorstellungskraft, desto stärker ist die Wirkung.

Mantra-Meditation

Mantra-Meditation ist eine Technik, bei der du ein bestimmtes Wort oder eine Phrase wiederholst, um deinen Geist zu fokussieren. Diese Übung hilft dir, deine Gedanken zu beruhigen und eine tiefe innere Stille zu erreichen.

Schritte zur Mantra-Meditation:
1. Wähle ein Mantra: Wähle ein Wort oder eine Phrase, die für dich Bedeutung hat, wie "Frieden", "Liebe" oder "Ich bin stark".
2. Setze dich bequem hin: Schließe die Augen und atme tief ein und aus.
3. Wiederhole dein Mantra: Wiederhole dein Mantra in einem gleichmäßigen Rhythmus. Du kannst es laut oder leise in deinem Kopf wiederholen.
4. Fokussiere dich auf die Worte: Konzentriere dich auf die Bedeutung und die Vibrationen der Worte.
5. Lass dich nicht ablenken: Wenn Gedanken auftauchen, kehre sanft zu deinem Mantra zurück.

Gehmeditation

Gehmeditation ist eine wunderbare Möglichkeit, Achtsamkeit in Bewegung zu praktizieren. Diese Praxis hilft dir, dich mit deinem Körper und der Umgebung zu verbinden und einen Zustand der Achtsamkeit zu erreichen.

Schritte zur Gehmeditation:

1. Finde einen ruhigen Ort: Gehe in einen Garten, Park oder einen ruhigen Raum.
2. Beginne langsam zu gehen: Gehe in einem langsamen, gleichmäßigen Tempo.
3. Konzentriere dich auf deine Schritte: Spüre den Kontakt deiner Füße mit dem Boden.
4. Atme ruhig: Achte auf deine Atmung und versuche, sie mit deinem Gehen zu synchronisieren.
5. Sei im Moment: Nimm deine Umgebung bewusst wahr, aber lass dich nicht von deinen Gedanken ablenken. Konzentriere dich auf jeden Schritt.

Dankbarkeitsmeditation

Dankbarkeit ist eine kraftvolle Emotion, die deine Schwingungen erhöht und dich für positive Energien öffnet. Diese Übung hilft dir, eine positive Einstellung zu kultivieren und dich auf das Gute in deinem Leben zu konzentrieren.

Schritte zur Dankbarkeitsmeditation:

1. Setze dich bequem hin: Finde einen ruhigen Platz und schließe die Augen.
2. Atme tief ein und aus: Entspanne deinen Körper und deinen Geist.
3. Denke an drei Dinge, für die du dankbar bist: Fokussiere dich auf diese Dinge und spüre die Dankbarkeit tief in deinem Herzen.
4. Lasse das Gefühl wachsen: Erlaube der Dankbarkeit, sich in deinem ganzen Körper auszubreiten.
5. Verweile in diesem Zustand: Bleibe mindestens fünf bis zehn Minuten in diesem Gefühl der Dankbarkeit.

Kapitel 16: Das Universum kennt nur eine Antwort - "JA"

Hast du dir jemals vorgestellt, dass das Universum ein riesiger Verbündeter ist, der nur darauf wartet, dir genau das zu geben, was du dir wünschst? Ja, du hast richtig gehört! Das Universum kennt nur eine Antwort – und die lautet „Ja".

Lass mich dir das erklären: Das Universum ist wie ein gigantischer Online-Shop. Alles, was du dir vorstellst und in Gedanken „bestellst", wird geliefert. Es kennt keine Unterschiede zwischen großen und kleinen Wünschen oder zwischen „gut" und „schlecht". Es gibt dir einfach das, was du aussendest.

Das bedeutet, wenn du positive Gedanken und klare Ziele hast, sagt das Universum „Ja" und beginnt, die Dinge in Bewegung zu setzen, um dir genau das zu bringen. Deshalb achte genau darauf was du dir vom Universum wünscht.

Nehmen wir mal an, du denkst ständig: „Ich bin nicht gut genug", „Ich werde nie erfolgreich sein", oder „Alles läuft immer schief". Was glaubst du, was das Universum darauf antwortet? Genau, es sagt „Ja" und bestätigt all diese negativen Gedanken. Aber keine Sorge, das Beste daran ist, dass du die Kontrolle über deine Gedanken hast und sie bewusst in eine positive Richtung lenken kannst.

Hier kommt der Clou: Du musst lernen, deine Wünsche und Gedanken positiv zu formulieren. Anstatt zu denken „Ich will keine Probleme", denk lieber „Ich ziehe Lösungen an". Statt „Ich will nicht arm sein", denk „Ich bin finanziell unabhängig". Der Schlüssel liegt darin, sich auf das zu konzentrieren, was du willst, nicht auf das, was du vermeiden möchtest.

Ein Beispiel gefällig? Stell dir vor, du bestellst in einem Restaurant. Du sagst dem Kellner doch auch nicht, was du nicht willst, oder? Du bestellst genau das, was du möchtest. „Ich hätte gerne den saftigen Burger mit Pommes und extra Ketchup." Genau so solltest du auch mit deinen Wünschen umgehen. Sei klar und spezifisch.

Das Universum arbeitet auf wundersame Weise. Es sendet dir Chancen, Menschen und Ereignisse, die mit deinen Gedanken und Gefühlen in Einklang stehen. Also, wenn du ständig daran denkst, wie unglücklich und erfolglos du bist, zieht das Universum genau diese Situationen in dein Leben. Aber wenn du dich auf Glück, Erfolg und Wohlstand konzentrierst, wirst du genau das anziehen.

Lass mich dir von Julia erzählen. Julia war fest davon überzeugt, dass sie nie einen Job finden würde, der sie glücklich macht. Jeden Tag dachte sie daran, wie schrecklich ihr aktueller Job war und wie aussichtslos die Jobsuche war. Natürlich bestätigte das Universum ihre Gedanken und sie blieb in ihrer unglücklichen Situation stecken.

Eines Tages beschloss Julia, etwas zu unternehmen. Sie fragte Dr. Google und stieß auf das Thema Manifestieren und dem Gesetz der Anziehung. Sie fing an ihre Gedanken zu ändern. Sie begann, sich selbst zu sagen: „Ich finde den perfekten Job, der mich erfüllt und glücklich macht." Jeden Morgen visualisierte sie sich in ihrem Traumjob, spürte die Freude und Zufriedenheit, die dieser Job mit sich bringen würde. Innerhalb weniger Wochen bekam sie ein Jobangebot, das all ihre Erwartungen übertraf. Warum? Weil das Universum auf ihre positive Einstellung und klaren Wunsch reagierte.

Glaub mir, das Universum ist dein bester Freund, wenn du es richtig ansprichst. Es wartet nur darauf, dir zu sagen: „Ja, du bekommst, was du willst!" Aber dafür musst du klar und positiv in deinen Gedanken sein.

Fang heute damit an, deine Wünsche und Ziele klar zu formulieren. Schreib sie auf, sprich sie laut aus und visualisiere sie täglich. Sei geduldig und vertraue darauf, dass das Universum alles daran setzt, dir das zu bringen, was du dir wünschst.

Erinnere dich daran: Das Universum kennt nur eine Antwort – „Ja". Also, worauf wartest du? Bestelle dir das Leben, das du dir immer gewünscht hast.

Alles ist Energie - Die unsichtbare Macht, die alles verändert

Lass uns mal tief in die geheimnisvolle Welt der Energie eintauchen. Klingt ein bisschen esoterisch? Keine Sorge, wir bleiben auf dem Boden und schauen uns an, warum das Thema Energie so entscheidend für dein Leben und deine Manifestationsträume ist.

Stell dir vor, du bist wie ein Radiosender. Du sendest ständig Frequenzen in Form von Gedanken, Gefühlen und Handlungen aus. Diese Frequenzen sind nichts anderes als Energie. Und genau wie ein Radiosender ziehst du das an, was auf deiner Frequenz liegt. Stellst du dir mal vor, du bist immer auf der Frequenz von „Ich kann das nicht", „Alles ist doof" und „Ich habe immer Pech", was glaubst du, welche Art von „Musik" du empfangen wirst? Genau, lauter Songs der Negativität und des Frustes.

Alles, wirklich alles in unserem Universum besteht aus Energie. Ja, auch du! Deine Gedanken, deine Gefühle, sogar dein Körper – alles schwingt auf einer bestimmten Frequenz. Wenn du das verstehst, dann verstehst du auch, warum es so wichtig ist, deine eigene Energie positiv auszurichten.

Lass uns ein Beispiel nehmen: Du wachst morgens auf und der erste Gedanke, der dir durch den Kopf schießt, ist „Oh Mann, ich habe keine Lust auf diesen Tag." Dieser Gedanke ist wie ein kleiner Energiekickstarter. Er sendet sofort eine bestimmte Schwingung aus. Wenn du diesen Gedanken durchziehst, zieht er negative Energie an und schwupps, der Tag wird wirklich mies.

Jetzt stell dir vor, du wachst auf und denkst „Heute wird ein großartiger Tag. Ich freue mich auf die Herausforderungen." Klingt ein bisschen klischeehaft? Vielleicht. Aber dieser Gedanke sendet eine völlig andere Schwingung aus. Du startest deinen Tag mit positiver Energie, und was passiert? Du ziehst positive Ereignisse und Menschen an.

Du fragst dich, wie du deine Energie ändern kannst? Ganz einfach: Achte auf deine Gedanken und Gefühle. Sie sind der Schlüssel zu deiner Energie. Willst du mehr Positives in deinem Leben? Dann fang an, positiv zu denken und zu fühlen. Ja, ich weiß, das klingt einfacher gesagt als getan, aber es ist ein Prozess, der mit kleinen Schritten beginnt.

Hier ein paar Tipps, um deine Energie auf Hochtouren zu bringen:

1. Positive Gedanken kultivieren: Immer wenn ein negativer Gedanke auftaucht, erkenne ihn und ersetze ihn durch einen positiven. Aus „Ich schaffe das nicht" wird „Ich finde einen Weg, das zu schaffen".
2. Dankbarkeit praktizieren: Dankbarkeit ist ein Energiebooster. Schreibe jeden Tag auf, wofür du dankbar bist. Das können kleine Dinge sein, wie der leckere Kaffee am Morgen oder die Sonne, die scheint.
3. Bewegung und Ernährung: Dein Körper ist Energie. Achte darauf, dich regelmäßig zu bewegen und gesund zu essen. Das hebt deine Schwingungen und lässt dich besser fühlen.
4. Umgebung gestalten: Umgib dich mit Menschen und Dingen, die dir gut tun. Entferne Energieräuber aus deinem Leben – das gilt für Menschen, aber auch für Orte und Gegenstände, die dich negativ beeinflussen.
5. Meditation und Achtsamkeit: Nimm dir täglich Zeit, um zur Ruhe zu kommen und in dich zu gehen. Meditation hilft dir, deine Energie zu zentrieren und negative Schwingungen loszulassen.

All das hast du bereits in diesem Buch gelernt. Wende diese Methoden an und das Universum liefert dir das Leben, das du dir wünscht.

Erinnerst du dich an die Geschichte von Julia aus dem letzten Kapitel? Auch sie hat ihre Energie verändert, indem sie ihre Gedanken und Gefühle bewusst in eine positive Richtung lenkte. Und siehe da, das Universum hat mitgespielt und ihr genau das gebracht, was sie sich gewünscht hat. Alles ist Energie. Und wenn du lernst, deine Energie zu meistern, dann öffnest du die Tür zu unendlichen Möglichkeiten.

Also, fange heute an, deine Energie bewusst zu lenken. Sei achtsam mit deinen Gedanken und Gefühlen. Umgib dich mit Positivem und vertraue darauf, dass das Universum immer mit dir im Einklang schwingt. Deine Energie ist dein mächtigstes Werkzeug – nutze es, um das Leben zu erschaffen, das du dir wünschst.

Wie du deine Schwingung erhöhst und Magie in dein Leben ziehst

Lass uns darüber sprechen, wie du deine Energie auf das nächste Level bringen kannst, um mehr Wunder und Magie in dein Leben zu ziehen. Denn, wie wir schon wissen, alles ist Energie. Und je höher deine Schwingung, desto mehr Positives ziehst du an.

Du hast sicherlich schon mal von Leuten gehört, die scheinbar immer Glück haben, denen die tollsten Dinge passieren. Denkst du, das ist Zufall? Mitnichten! Diese Menschen haben einfach gelernt, ihre Energie auf einer hohen Frequenz zu halten. Sie sind wie Magneten für positive Ereignisse, Gelegenheiten und Menschen. Und das kannst du auch erreichen.

Wunder in dein Leben ziehen

Da du weißt, wie du deine Schwingung erhöhen kannst, lass uns darüber sprechen, wie das Wunder in dein Leben zieht. Wunder sind nichts anderes als positive Ereignisse und Zufälle, die sich perfekt in dein Leben einfügen. Wenn du auf einer hohen Frequenz schwingst, wirst du zum Magneten für diese Wunder.

Stell dir vor, du fängst an, jeden Morgen mit einer kurzen Meditation und positiven Affirmationen. Dein Tag beginnt ruhig und fokussiert, du fühlst dich dankbar und optimistisch. Schon bald bemerkst du, dass dir plötzlich mehr glückliche Zufälle passieren. Du triffst die richtigen Leute zur richtigen Zeit, findest Lösungen für Probleme und ziehst Chancen an, die dir vorher unerreichbar schienen.

Sei dein eigener Energie-Magnet

Du siehst, es ist möglich, mehr Wunder in dein Leben zu ziehen, indem du deine Energie erhöhst. Es braucht etwas Übung und Geduld, aber die Ergebnisse sind es wert. Du bist der Architekt deiner eigenen Realität, und je höher deine Schwingung, desto wunderbarer wird dein Leben.

Fang heute damit an, deine Schwingung bewusst zu erhöhen. Sei achtsam mit deinen Gedanken, übe Dankbarkeit, bewege dich regelmäßig und gestalte deine Umgebung positiv. Meditiere und zentriere dich täglich. Du wirst sehen, dass sich dein Leben auf magische Weise verändert.

Also, worauf wartest du? Erhöhe deine Energie und ziehe die Wunder an, die du verdienst. Das Leben ist voller Magie – du musst sie nur in dein Leben einladen!

Kapitel: Schlusswort

Wow, du hast es tatsächlich geschafft! Herzlichen Glückwunsch, du bist bis zum Schluss dabei geblieben! Das ist kein Ende, sondern der Anfang einer richtig aufregenden Reise zu einem bewussteren, erfüllteren Leben. Wir haben zusammen die faszinierende Welt der Manifestation erkundet und herausgefunden, wie unglaublich kraftvoll unsere Gedanken und Gefühle wirklich sind.

Du hast gelernt, wie du deine Gedanken in die richtige Richtung lenken und positive Glaubenssätze etablieren kannst. Du weißt jetzt, wie Visualisierung deine Ziele und Träume zum Leben erwecken kann.

Und du hast verstanden, dass Manifestation nicht nur bedeutet, materielle Dinge anzuziehen, sondern auch inneren Frieden, erfüllende Beziehungen und persönliches Wachstum zu erleben.

Die Reise der Manifestation erfordert Geduld, Ausdauer und vor allem Glauben – an dich selbst und an das Universum. Es geht darum, aktiv zu werden, alte Muster zu durchbrechen und dich auf das Positive zu fokussieren. Sei dir bewusst, dass du der Architekt deines eigenen Lebens bist und dass du die Macht hast, deine Realität zu gestalten.

Denke daran, dass Herausforderungen und Rückschläge Teil des Prozesses sind. Sie sind nicht da, um dich zu entmutigen, sondern um dir zu helfen, zu wachsen und stärker zu werden. Nutze diese Momente als Gelegenheiten zur Selbstreflexion und Anpassung deines Kurses. Bleib beharrlich, optimistisch und offen für die unendlichen Möglichkeiten, die das Leben zu bieten hat.

Lass dich von den Geschichten und Techniken, die du in diesem Buch kennengelernt hast, inspirieren und motivieren.

Nimm dir die Zeit, die Übungen zu praktizieren und die Prinzipien in deinen Alltag zu integrieren. Mit jedem Schritt, den du machst, kommst du deinem besten Selbst und deinem erfüllten Leben näher.

Danke, dass du dieses Buch in die Hand genommen hast. Ich hoffe, es hat dir wertvolle Einsichten und Werkzeuge gegeben, um dein Leben in die Richtung zu lenken, die du dir wünschst. Erinnere dich daran: Alles, was du brauchst, um deine Träume zu verwirklichen, ist bereits in dir. Du hast die Macht, das Leben zu erschaffen, das du dir wünschst.

Auf deinem Weg der Manifestation wünsche ich dir viel Freude, Liebe und Erfolg. Mögest du immer die Kraft finden, an dich selbst zu glauben und deine Träume zu verfolgen und ein mit Glück erfülltes Leben zu führen. Dein Leben ist ein wertvolles Geschenk – mach das Beste daraus und lass deine Träume Wirklichkeit werden.

Deine nächsten Schritte

- Erstelle eine tägliche Routine: Setze dir eine tägliche Routine, die Meditation, positive Affirmationen und Dankbarkeitsübungen beinhaltet. Diese Routinen helfen dir, deinen Tag positiv zu beginnen und deine Schwingung hoch zu halten.

- Visualisiere regelmäßig: Nimm dir regelmäßig Zeit, um deine Ziele zu visualisieren. Stelle dir vor, wie du deine Träume bereits erreicht hast und spüre die damit verbundenen positiven Emotionen.
- Setze klare Ziele: Schreibe dir klare und erreichbare Ziele auf. Nutze die SMART-Methode (Spezifisch, Messbar, Attraktiv, Realistisch, Terminiert), um deine Ziele zu definieren und zu verfolgen.
- Pflege dein Netzwerk: Umgib dich mit positiven und unterstützenden Menschen. Dein Umfeld hat einen großen Einfluss auf deine Energie und deinen Erfolg.
- Bleib geduldig und beharrlich: Manifestation ist ein Prozess, der Zeit und Geduld erfordert. Sei geduldig mit dir selbst und gib nicht auf, auch wenn es mal Rückschläge gibt.

Abschließende Gedanken

Du bist der Schöpfer deiner eigenen Realität. Alles, was du in diesem Buch gelernt hast, sind Werkzeuge, die dir helfen, dein Leben nach deinen Wünschen zu gestalten. Du hast die Macht, deine Gedanken, Gefühle und Handlungen zu kontrollieren und somit dein Schicksal zu formen.

Erinnere dich daran, dass das Universum immer mit dir zusammenarbeitet. Es kennt nur eine Antwort – und die lautet „Ja".

Also stelle sicher, dass du klare und positive Wünsche aussendest, und vertraue darauf, dass das Universum dir genau das bringt, was du brauchst.

Danke, dass du diese Reise mit mir gemacht hast. Ich bin stolz auf dich und freue mich darauf, zu sehen, wie du deine Träume verwirklichst und ein erfülltes, glückliches Leben führst. Deine Reise beginnt jetzt – mach das Beste daraus! Und denke immer daran - Das Glück ist nur einen Gedanken entfernt.

Mit herzlichen Grüßen und den besten Wünschen für deine Zukunft,

Dein Marcel

Über den Autor

Marcel ist 5-facher Papa, ein Experte im Bereich persönliche Entwicklung und Manifestation. Mit seiner Leidenschaft, Menschen dabei zu helfen, ihr volles Potenzial zu entfalten, hat er unzählige Menschen durch seine Bücher inspiriert. Nach tiefgreifenden persönlichen Transformationen und dem Überwinden zahlreicher Herausforderungen, erkannte er die Macht der Manifestation und entwickelte Strategien zur positiven Veränderung. Marcels Erkenntnisse und Methoden haben das Leben vieler Menschen nachhaltig verbessert.

Meine persönliche Empfehlung: Das 369 Manifestations Journal

Erhältlich bei:

Softcover Rosa - ISBN: 978-3-347-88903-3
Softcover Schwarz - ISBN: 978-3-347-88539-4

Noch ein kurzes anliegen an dich, während du auf deiner Reise zur Manifestation deiner Träume voranschreitest, möchte ich dir ein kraftvolles Werkzeug an die Hand geben: Mein 369 Manifestations Journal.

Dieses Journal ist nicht nur ein Tagebuch, sondern ein täglicher Begleiter, der dir hilft, deine Wünsche und Ziele klar zu formulieren und sie in die Realität umzusetzen. Die 369-Methode ist eine einfache, aber unglaublich effektive Technik, um deine Manifestationskraft zu steigern. Sie basiert auf der Wiederholung von Affirmationen, die deine Schwingung erhöhen und dein Unterbewusstsein auf Erfolg programmieren.

Was ist die 369-Methode?

Die 369-Methode ist ganz einfach: Du schreibst deine Affirmation dreimal am Morgen, sechsmal am Nachmittag und neunmal am Abend auf. Diese Wiederholungen helfen dir, dich intensiv auf deine Ziele zu konzentrieren und deine Energie auf das zu richten, was du in deinem Leben manifestieren möchtest.

Wie funktioniert das Journal?

Das 369 Manifestations Journal ist speziell darauf ausgelegt, dich durch diesen Prozess zu führen. Es bietet dir:

- Platz für deine Affirmationen: Jeden Tag hast du Seiten, auf denen du deine Affirmationen dreimal am Morgen, sechsmal am Nachmittag und neunmal am Abend aufschreiben kannst.
- Reflexionsseiten: Wöchentliche Reflexionsseiten helfen dir, deine Fortschritte zu verfolgen und Erkenntnisse zu gewinnen.
- Inspirierende Zitate: Motivierende Zitate und positive Gedanken, die dich auf deinem Weg unterstützen.
- Dankbarkeitsabschnitte: Zusätzliche Bereiche, um deine Dankbarkeitspraktiken zu vertiefen und deine Schwingung hoch zu halten.

Warum das 369 Manifestations Journal?

Dieses Journal ist nicht nur ein Werkzeug, sondern ein täglicher Anker, der dich daran erinnert, fokussiert und positiv zu bleiben. Es ist für dich gemacht, um dir zu helfen, deine Träume zu erreichen und dein Leben zu transformieren. Die Struktur und die täglichen Rituale, die das Journal bietet, werden dir helfen, konsequent an deinen Zielen zu arbeiten und deine Manifestationskraft zu verstärken.

Hol dir dein Journal!

Ich lade dich ein, das 369 Manifestations Journal auszuprobieren und zu sehen, wie kraftvoll diese Methode sein kann. Es ist eine einfache, aber wirkungsvolle Möglichkeit, deine Träume Schritt für Schritt zu verwirklichen. Lass uns gemeinsam diese Reise fortsetzen und die Magie der Manifestation in dein Leben bringen.
Hol dir dein Exemplar des 369 Manifestations Journals und beginne noch heute damit, deine Träume zu manifestieren!

Viel Erfolg und auf viele wunderbare Manifestationen

"Kümmere dich um deine Energie, und das Universum wird sich um Dich kümmern"

Platz für Notizen:

Platz für Notizen:

Platz für Notizen:

Platz für Notizen: